30
ANOS

O LIVRO DOS BICHOS

A marca FSC® é a garantia de que a madeira utilizada na fabricação do papel deste livro provém de florestas que foram gerenciadas de maneira ambientalmente correta, socialmente justa e economicamente viável, além de outras fontes de origem controlada.

ROBERTO KAZ

O livro dos bichos

A ararinha repatriada, o macaco candidato, o camundongo que foi para o espaço e outras reportagens

Ilustrações
Audrey Furlaneto

Companhia Das Letras

Copyright © 2016 by Roberto Kaz

Grafia atualizada segundo o Acordo Ortográfico da Língua Portuguesa de 1990, que entrou em vigor no Brasil em 2009.

Capa
Elisa von Randow

Imagem de capa
Joseph Cornell (1903-72), *Sem título* (Hôtel de la Duchesse-Anne), 1957, caixa, 44,8 x 31,1 x 11,3 cm, Coleção Lindy and Edwin Bergman Joseph Cornell, 1982. 1868, The Art Institute of Chicago. © The Joseph and Robert Cornell Memorial Foundation/ AUTVIS, Brasil, 2015.

Preparação
Andressa Bezerra Corrêa

Revisão
Isabel Jorge Cury
Clara Diament

Dados Internacionais de Catalogação na Publicação (CIP)
(Câmara Brasileira do Livro, SP, Brasil)

Kaz, Roberto
  O livro dos bichos : a ararinha repatriada, o macaco candidato, o camundongo que foi para o espaço e outras reportagens / Roberto Kaz ; ilustrações Audrey Furlaneto. — 1ª ed. — São Paulo : Companhia das Letras, 2016.

  ISBN 978-85-359-2686-6

  1. Crônicas brasileiras 2. Jornalismo – Humor, sátira etc. 3. Jornais – Seções, colunas etc. 4. Política – Humor, sátira etc. I. Furlaneto, Audrey. II. Título.

16-01109   CDD-070.4

Índice para catálogo sistemático:
1. Jornalismo humorístico e crítica : Literatura 070.4

[2016]
Todos os direitos desta edição reservados à
EDITORA SCHWARCZ S.A.
Rua Bandeira Paulista, 702, cj. 32
04532-002 — São Paulo — SP
Telefone: (11) 3707-3500
Fax: (11) 3707-3501
www.companhiadasletras.com.br
www.blogdacompanhia.com.br
facebook.com/companhiadasletras
instagram.com/companhiadasletras
twitter.com/cialetras

Para Audrey

Sumário

Nota do autor, 9

DA FAMA
O candidato, 13
O sobrevivente, 29
O apresentador, 53
O internauta, 61

DO OFÍCIO
O garanhão, 69
O clone, 87
O vigia, 99
O cosmonauta, 105

DAS ARTES
O cantor, 125
A solista, 147

A atriz, 153
A colecionadora, 157

DO ESPORTE
O amuleto, 163
O lutador, 177
O saltador, 183
A mascote, 191

DA RUA
A mãe, 201
Os estrangeiros, 207
A injustiçada, 213
A vítima, 217

DO PASSADO
O fóssil, 225

Agradecimentos, 241
Fontes, 243

Nota do autor

Parte dos textos de O *livro dos bichos* foi publicada nas revistas *piauí* e *Nautilus* e nos jornais O *Globo* e *Folha de S.Paulo*. Encontram-se aqui em versões ampliadas e atualizadas.

Por tratarem do mesmo animal — o touro Fajardo — recomenda-se que os textos "O garanhão" e "O clone" sejam lidos em ordem.

DA FAMA

O candidato

Pan troglodytes

Olhando de longe, o Brasil, em 1988, vivia um período de relativa euforia política. Decorriam quatro anos do movimento Diretas Já, que culminara, depois de duas décadas de ditadura, na eleição do primeiro civil à presidência. Decorriam também três anos desde que os prefeitos, antes nomeados pelo estado, voltavam a ser eleitos pelo voto popular. Por fim, o país ganhara uma nova Constituição.

Mas a verdade é que o Brasil, naquele ano de 1988, continuava mergulhado num mar de descrença. O primeiro civil na presidência era José Sarney, notório colaborador do regime militar. No Rio de Janeiro, o prefeito eleito, Saturnino Braga, acabara de decretar a falência do município. A inflação passara de 1000% ao ano.

"Era um tempo de muita esperança na volta da vida política", explicou-me a historiadora Marly Motta, da Fundação Getúlio Vargas. "Mas o namoro com o Sarney, que existira com o começo do Plano Cruzado, havia virado uma profunda decepção. E o Saturnino, que era um homem honesto e respeitado, havia quebrado a prefeitura do Rio. As pessoas perceberam que nem todos os males vinham da ditadura."

A uma semana das eleições municipais de 1988, o *Jornal do Brasil* mostrava, por uma pesquisa, que os jovens entre dezesseis e dezoito anos pensavam com "unanimidade quanto à incompetência do governo do presidente José Sarney". Consideravam o direito ao voto "banal", "desinteressante", "discutível", "inútil" e "dispensável". O terreno era propício para que surgisse, na miríade de candidatos, um elemento-surpresa em busca do voto.

Esse elemento era um macaco.

Tião nasceu em 16 de janeiro de 1963, no zoológico do Rio, de um romance entre os chimpanzés Babá e Lulu. Foi batizado em homenagem a são Sebastião, padroeiro da cidade, e adotado desde pequeno pelo chefe dos tratadores, Pacífico Soares — com quem passeava de mãos dadas, diante dos animais enjaulados. De dia, frequentava a sede administrativa, onde fingia atender ao telefone e digitar numa máquina. De noite, não raro, dormia em Olaria, na casa de Soares (a viagem era feita de carro, no banco do carona). A relação paternal persistiu até o dia em que o chimpanzé, já adolescente, subiu numa árvore — ou, segundo outra versão, quebrou uma mesa —, ignorando o tratador. Seguiu dali para a jaula, onde a solidão foi remediada com uma bola, um balanço e um urso de pelúcia.

Talvez por isso, quase não há anotações, no zoológico, sobre o primeiro decênio do animal. A ficha técnica de Tião começa de fato a ser preenchida no dia 7 de julho de 1975, quando, aos doze anos, o macaco "quebrou a porta externa do alojamento". O comportamento inconformado voltaria a aflorar em novembro daquele ano, numa tarde chuvosa, em que se recusou a entrar na parte coberta da jaula. "Assim sendo", dizia o relatório, "molhou-se a valer, em que pese ter entrado logo depois com a ajuda de um extintor de incêndio."

Dali em diante, a ficha se assemelharia à de um homem injustamente encarcerado. Em janeiro de 1978, Tião "fugiu e retornou". Em outubro, "arrebentou a porta interna de seu alojamento". Em novembro de 1980, "levantou a tela do recinto". Em dezembro de 1986, "tentou fugir, tendo conseguido abrir a porta de tela, sendo necessária uma reforma urgente". Em outubro de 1995, já idoso, "fugiu e foi contido".

A ficha também mostrava seu histórico médico. Tião tomava Valium para diminuir sua ansiedade e vitamina C para tratar da tosse. A partir dos 24 anos de idade, as mazelas respiratórias ficaram frequentes. Fez exames de sangue, urina, eletrocardiograma e radiografia do tórax. Quatro anos depois, o açúcar no sangue atingiu o dobro do admissível: diabetes.

Foi um fardo. Em agosto de 1991, o *Jornal do Brasil* contaria que Tião, "irritadíssimo, viu sua ração diária de bananas reduzida de sessenta para seis, e teve de suportar a substituição das mangas, dos abacaxis e do milho verde por repolho, chicória e tomate". O biólogo Pedro Meneses contou, na reportagem, que o macaco estava inconformado: "Ele grita por tudo. Grita se está alegre e grita se está triste". Já a diretora técnica do zoológico, Sônia Prado Rodrigues, lembrava que, apesar do esforço, era impossível controlá-lo: "Ele não pode ver alguém comendo que estende as mãos e faz cara triste. As crianças não resistem e acabam lhe dando pipocas e balas".

Se não bastasse o baque alimentar, Tião, já grisalho, continuava celibatário. A aproximação com a chimpanzé Cafona terminara frustrada (e com uma mordida no dedo do macho). Seu mais longevo tratador, Waldemiro Ramos da Silva, hoje com 88 anos, disse que o casal ficou junto por duas semanas "quando o ideal seriam seis meses". A partir de então, Tião preferiu focar em outro tipo de primata. "O negócio dele era loura de bota", contou. "O Tião subia no tronco para ficar seguindo quando uma loura passava."

O amor proibido fez com que o animal se rendesse, de forma obsessiva, ao prazer solitário — não raro praticado em público. Já no fim da vida, voltou a se interessar por uma chimpanzé, 23 anos mais jovem, que morava algumas jaulas ao lado. O zoológico, temendo expô-lo a fortes emoções, foi contrário.

"Morreu solteirão", lamentou Silva.

Animal que mais se assemelha ao homem, o chimpanzé abraça, beija, grita, gesticula, cumprimenta, ri e reconhece a própria imagem no espelho. Sente compaixão e tem explosões de brutalidade. Aprende sinais, inventa ferramentas e cria culturas próprias. Num estudo publicado em 1999, a pesquisadora britânica Jane Goodall — autoridade máxima no assunto — apontou diferenças entre sete comunidades selvagens: chimpanzés da Tanzânia usavam folhas para espantar abelhas; os da Costa do Marfim, galhos para pescar formigas (e comê-las sem ser picados); todos, menos os da Guiné, dançavam debaixo de chuva.

Chimpanzés e humanos compartilham o mesmo ancestral, cuja população, 10 milhões de anos atrás, dividia-se em pequenos grupos na parte equatorial da África. Quando um desses grupos migrava para um local isolado, via-se forçado a adaptar-se ao novo habitat. Por vezes, a diferença climática ou geográfica acabava por favorecer certas mutações — de início discretas, mas significativas no acúmulo das gerações. Entre 5 e 7 milhões de anos atrás, o ancestral humano cindiu-se do macaco.

De um lado ficou uma espécie quadrúpede, sociável, capaz de caçar em bandos e de viver em árvores (que acabaria evoluindo no chimpanzé). Do outro, um primata ainda similar, que levaria mais 2 milhões de anos para andar sobre duas patas. Quando isso ocorresse, o ancestral do homem teria suas mãos alforriadas — e passaria a inventar ferramentas de pedra para ocupá-las.

A partir de então, a evolução humana avançou numa série de pequenos passos. O uso de ferramentas levou ao domínio da caça. O domínio da caça — e do fogo, ocorrido entre 1 milhão e 600 mil anos atrás — levou a uma dieta baseada em carne. A ingestão de carne cozida trouxe mais energia. O aumento na energia levou à expansão do cérebro (e de todo tipo de habilidade mental).

Mas ainda que o *Homo sapiens* tenha surgido há 200 mil anos, o divisor de águas na sua trajetória só ocorreria 60 mil anos atrás. A partir de então, as ferramentas, antes rudimentares, começariam a mudar. As ambições também: o homem colonizaria a Europa, a Ásia e a Austrália. O pesquisador norte-americano Jared Diamond atribui a reviravolta a um conjunto de mutações vocais. "É fácil pensar em como uma pequena mudança na anatomia resultaria numa enorme mudança comportamental", escreveu num estudo publicado em 2008. "Com a língua falada, leva-se apenas alguns segundos para dizer: 'Vire à direita na quarta árvore e faça o antílope correr até o arbusto, onde estarei escondido para matá-lo'."

A partir do domínio da fala, o homem criaria a arte e a espiritualidade. Inventaria a agricultura, a matemática, a escrita, o dinheiro, a guerra, a política, a escravidão, a misoginia, o sadismo, a pornografia e a Inquisição. Conceberia a luz elétrica, a gasolina, a fotografia, o avião, a relatividade, a penicilina, a bomba atômica, a psicanálise, a internet e o vídeo de gatinho. Construiria pirâmide, ponte, arranha-céu, estação espacial, reator de hádron e um lugar chamado zoológico — onde aprisionaria quadrúpedes sociáveis que antes viviam em árvores.

A semelhança entre o homem e os demais primatas foi apontada primeiramente pelo médico grego Galeno de Pérgamo, que escreveu, por volta do ano 200, que o macaco nos era mais próximo "nas vísceras, músculos, artérias, veias, nervos e ossos" que qualquer outro animal. (Como a dissecção humana era proibida, seu conhecimento vinha em grande parte da anatomia do macaco-de-gibraltar.) A ideia voltaria à ata nos séculos XVII — quando o anatomista britânico Edward Tyson dissecaria um chimpanzé — e XIX, com a inauguração, em Londres, do primeiro zoológico (onde havia uma fêmea de orangotango chamada Jenny).

Em 1838, Charles Darwin conheceu Jenny. O naturalista britânico já havia retornado da viagem de cinco anos a bordo do navio *Beagle*, onde começara a conceber sua ideia de evolução. "Deixe o homem ver um orangotango domesticado, ouvir seu lamento expressivo, perceber sua inteligência quando chamado, como se entendesse cada palavra do que é dito", escreveu sobre o encontro com Jenny, em seu diário. "O homem, na sua arrogância, pensa-se uma grande obra, como se interposta por uma divindade. Os mais humildes e eu acreditamos que ele tenha surgido dos animais."

Duas décadas depois, Darwin publicaria A *origem das espécies*, onde diria que todo ser vivo era um resultado evolutivo de algo já extinto. Como a ideia já fosse por demais heterodoxa, preferiu deixar a espécie humana de fora, escrevendo apenas que o futuro "jogaria luz sobre a origem do homem e sua história". Mas quem somasse a frase ao restante do livro entenderia o que era insinuado sobre o passado da humanidade. Os biólogos, naturalistas e clérigos britânicos — quase todos partidários de que o homem fosse uma criação divina — espernearam. Jornais passaram a publicar caricaturas de Darwin no corpo de macacos.

Em 1871, o naturalista voltaria ao assunto, dessa vez em detalhes. Num livro chamado A *origem do homem*, definiria o chimpanzé e o gorila como as duas espécies mais próximas à nossa. Intuiria, pelo habitat desses primatas, que o homem também surgira na África. E escreveria que "o homem ainda carrega no seu corpo o selo indelével de sua origem menor".

Passado um século, o mapeamento genético mostraria que o homem e o chimpanzé dividem 98,7% do DNA.

Tião não foi o primeiro animal a figurar entre os quadros da política nacional. Em 1959, uma fêmea de rinoceronte chamada Cacareco recebeu estimados 100 mil votos para vereadora de São Paulo. Cacareco ficara famosa um ano antes, durante a inauguração do zoológico, quando o governador Jânio Quadros a definiu, pela popularidade, como "uma forte candidata aos Campos Elíseos". Em 1962, houve uma campanha frustrada para eleger a cadela Laika — que acabara de ser lançada ao espaço — a deputada pelo estado da Guanabara. Em 1987, um mosquito foi eleito prefeito de Vila Velha (a Justiça Eleitoral do Espírito Santo anulou os votos, empossando o candidato Magno Pires, que ficara em segundo lugar).

A pedra inaugural da candidatura de Tião foi lançada em março de 1988, quando o zoológico do Rio implementou um programa de adoção dos animais. A empresa interessada bancava os custos de alimentação e, em contrapartida, tinha seu nome gravado numa placa sob a jaula. O zoológico dizia, num comunicado, ter uma "visitação média mensal de 250 mil pessoas", acrescentando que os veículos de comunicação dariam "uma amplitude de âmbito nacional" aos interessados.

Cada animal tinha um preço, fixado de acordo com o que comia: quinze jacarés custavam menos que uma zebra; três araras equivaliam a uma águia-chilena. A campanha, de sucesso instantâneo, seguiu um padrão estético. A Esso adotou o tigre-de-bengala (baseado no felino que era seu garoto-propaganda), a Camel adotou o dromedário (que já era símbolo do cigarro) e o Matte Leão adotou o leão.

Foi então que o humorista Claudio Manoel teve uma ideia. Ele publicava com Bussunda, Beto Silva, Marcelo Madureira e Hélio de la Peña a fanzine *Casseta Popular* — revista mimeografada, sem periodicidade, surgida dez anos antes na faculdade de engenharia da UFRJ. Quando a tiragem ultrapassava 5 mil, o grupo ia de banca em banca, no Centro, consignando alguns exemplares. "Encalhava muito", contou-me o humorista Hélio de la Peña. "Fazíamos festa, pichávamos frase de efeito para tentar divulgar. Tínhamos que arrumar uma maneira de aparecer."

A maneira era Tião. Para atenuar o gasto, Claudio Manoel propôs uma parceria com a redação do *Planeta Diário* — o concorrente humorístico capitaneado por Reinaldo, Hubert e Cláudio Paiva (os humoristas da *Casseta Popular* e do *Planeta Diário* já trabalhavam juntos na redação do *TV Pirata*; fundariam, dali a alguns anos, o programa *Casseta & Planeta*). A adoção foi firmada em 1º de julho de 1988.

"O Tião já era conhecido por ser sacana, por jogar merda em visitante", disse Hélio de la Peña. "A gente não adotou pensando em uso eleitoral, mas na visibilidade que a promoção traria. E o zoológico achou o máximo: um bicho irreverente adotado por dois jornais de humor."

Acontece que, naquele mesmo ano de 1988, a prefeitura do Rio ficaria três meses sem pagar salário. Saturnino Braga havia atrelado o ordenado ao índice inflacionário. Quando o percentual explodiu, a medida, populista, revelou-se temerária. Na tentativa de renegociar a dívida, Saturnino recebeu um sonoro "não" do governo federal. Decretou falência.

"O Sarney deixou a prefeitura quebrar", disse a historiadora Marly Motta. "O mandato do Saturnino estava muito ligado à estratégia do Brizola de chegar à presidência. Ele não tinha apoio dos governos federal e estadual, que eram de outro partido. E perdeu todo o apoio do Brizola quando declarou falência. Ficou leproso. Ninguém queria ser pai daquela criança."

Daí que uma pilhéria despretensiosa ganhou um vulto inesperado. No começo de outubro, os humoristas marcaram um ato público em frente à jaula do macaco. O objetivo, apregoava um panfleto, era lançar a candidatura de "Sebastião Alves Paranhos Paiva de Prata, 25, o popular Macaco Tião, o último preso político brasileiro". O manifesto terminava com um grito de guerra: "Enfim um homem direito. Macaco Tião para prefeito. Vote no novo! Tião, a esperança do povo". O ato foi proibido pelo zoológico.

"Em vez de olhar para o Tião como uma figura folclórica, é bom vê-lo como uma manifestação política de grande relevância", concluiu Marly Motta. "Não por acaso, 1988 desembocou na eleição do Collor, que se apresentava como um não político."

A teoria de que o homem descendera do macaco teve, para o chimpanzé, um efeito nefasto. Por ser quase humano — sem usufruir de nenhum direito reservado a um humano —, ele tornou-se o candidato perfeito para os estudos médicos e comportamentais no século xx. Em 1923, o psicólogo norte-americano Robert Yerkes, professor da Universidade Yale, comprou dois chimpanzés — Chimp e Panzee — de um zoológico cubano. Foram os primeiros de milhares que entrariam nos Estados Unidos a partir de então.

No início, os estudos com chimpanzés eram apenas descritivos. Diziam respeito ao crescimento, à gestação, ao aprendizado e às relações sociais do primata. Com o avanço da medicina — e da indústria farmacêutica —, o interesse migrou. Em vez de estudar o chimpanzé, cientistas passaram a usar o chimpanzé para estudar o homem. Nos anos 1940, chimpanzés já haviam sido lobotomizados em estudos sobre o cérebro e inoculados com bactérias e vírus, como o da poliomielite. Ainda seriam usados em testes espaciais, em tentativas de curar a aids e no desenvolvimento da vacina para a hepatite B.

Para além da ciência, a espécie também despertava interesse linguístico e antropológico. Em 1966, um casal de psicólogos da Universidade de Nevada adotou uma fêmea de dez meses que pertencia à força aérea norte-americana. Batizaram-na de Washoe, criaram-na como se fosse uma criança e ensinaram-lhe a língua de sinais. Washoe aprenderia a dizer "cachorro", "flor", "chapéu" e "sapato", dentre um leque de 350 palavras.

Naquele mesmo período, o linguista norte-americano Noam Chomsky cunhou sua teoria de que a linguagem gramatical — baseada não só em palavras, mas em frases — era uma exclusividade humana. Ainda pairava a dúvida, portanto, se o vocabulário de Washoe constituía uma língua ou apenas um apanhado de palavras. Em 1973, o psicólogo Herbert Terrace, da Universidade Columbia, repetiu a experiência, colocando um chimpanzé recém-nascido para ser criado por uma família de Nova York. O animal foi batizado de Nim Chimpsky (uma blague deliberada com o nome do linguista).

Apesar de ter formado algumas frases ("Abraço eu Nim", "Eu mais comida"), Chimpsky acabou marcado mais pelo sofrimento que pela contribuição à ciência. Findo o período do estudo, foi transferido a um instituto de primatas e, dali, para um laboratório da Universidade de Nova York, onde serviu de cobaia para testes farmacológicos — o filme *Project Nim*, do diretor James Marsh, mostra que o chimpanzé, mesmo enjaulado, ainda fazia os sinais de "brincar" e "abraço" quando diante de um humano. No final da vida foi comprado e levado a um rancho por um grupo de defesa dos animais. Ao tentar visitá-lo, Stephanie LaFarge, a mãe adotiva que o havia criado durante os cinco primeiros anos, foi atacada. Nim passou o resto da vida numa jaula, com outros chimpanzés, sem contato direto com humanos.

Seu caso não foi uma exceção. Desde 1960, a agência norte-americana de fomento à pesquisa médica apoiava oito laboratórios de primatas. Num deles, dirigido pelo psicólogo Harry Harlow, filhotes de macaco Rhesus eram separados das mães e submetidos a um ano de isolamento (para que depois fossem usados em pesquisas para depressão). Em 1974, numa entrevista, Harlow se diria indiferente ao sofrimento dos primatas: "A única coisa que me importa é se o macaco vai gerar algo que eu possa publicar. Não tenho amor por eles. Nunca tive. Nem gosto de animais. Abomino gatos. Detesto cachorros. Como poderia gostar de macacos?".

Não tardaria a surgir uma corrente contrária. No ano seguinte, o filósofo australiano Peter Singer publicaria o livro *Libertação animal*, argumentando que todo bicho — não só o homem — era capaz de sofrer. Ignorar o sofrimento e os interesses de uma espécie, ele dizia, era tão injustificável quanto discriminar uma pessoa pela cor ou pelo sexo. O livro pavimentaria o caminho para que surgisse o primeiro movimento amplo em defesa dos animais. No mesmo ano, os Estados Unidos proibiriam a importação de chimpanzés selvagens.

Ainda assim, o contingente de chimpanzés em laboratórios permaneceria na casa do milhar. Apenas no século XXI — depois que a Inglaterra, a Holanda e a Suécia proibissem o uso de primatas em laboratórios — é que a realidade começaria a mudar. Em 2011, a Academia Nacional de Ciências dos Estados Unidos publicou um memorando dizendo que o uso de chimpanzés era ineficiente e desnecessário à pesquisa biomédica. No ano seguinte, 110 animais foram transferidos para santuários.

Ainda há setecentos chimpanzés espalhados por cinco laboratórios nos Estados Unidos. O Brasil não usa chimpanzés em pesquisas.

Noticiada nos jornais, a proibição ao ato público fez a campanha de Tião deslanchar. Surgiram camisas e santinhos, criou-se um jingle ("Se a prefeitura está falida, vote no Tião que o macaco é a saída/ Se o voto é obrigação, em 15 de novembro o meu voto é no Tião"). Os atores Luiz Fernando Guimarães, Regina Casé, Diogo Vilela, Debora Bloch e Ney Latorraca — integrantes do *TV Pirata* — apoiaram o macaco na *Casseta Popular*. A publicação também apresentou o projeto de governo do primata, com suas promessas para educação, habitação e transporte (geralmente, piadas de duplo sentido).

Em 19 de outubro de 1988, 4 mil pessoas compareceram ao showmício em prol da candidatura no Circo Voador. Segundo *O Globo*, Lenine, Leo Jaime e Ultraje a Rigor "tocaram de graça, por puro idealismo". A duas semanas do pleito, o chimpanzé ainda sairia na capa do Segundo Caderno e da revista *Veja* (que o descreveria como "símbolo nacional da decepção e do embuste que envolvem os políticos do país"). Jarbas Passarinho, Chico Alencar, Carlos Minc, Afif Domingos e Marcello Alencar protestaram contra a campanha.

O candidato Fernando D'Avila, que pleiteava uma vaga de vereador pelo PSDB, tomou medida prática: requereu ao Tribunal Regional Eleitoral do Rio que punisse os jornalistas do *Planeta Diário* e da *Casseta Popular*. Num documento endereçado ao desembargador José Joaquim da Fonseca Passos, D'Avila reclamava do "triste espetáculo de presenciarmos jornalistas alternativos [...] propalando votos para um tal 'Macaco Tião' do Jardim Zoológico". Clamava: "Quando não tínhamos eleições, lutava-se para que houvesse eleições. Vieram as eleições municipais e é cometido o crime eleitoral de se pedir voto para um símio, como se estivéssemos em Hollywood vivendo o filme de ficção *Planeta dos macacos*". Por falta de provas, que não foram apensadas ao processo, o pedido foi indeferido. D'Avila tentou recorrer ao Tribunal Superior Eleitoral (o requerimento foi novamente negado).

Marcello Alencar, do PDT, acabou eleito com 29% dos votos. Em segundo lugar ficou Jorge Bittar, do PT, e, em terceiro, Álvaro Valle, do PL. Em quarto, à frente de Artur da Távola, José Colagrossi e Roberto Jefferson, o voto nulo (qualquer voto em Tião era automaticamente anulado). "Espero que a ascensão da candidatura do Tião sirva de lição aos candidatos que obtiveram menos votos que um macaco", declarou Bussunda, depois do resultado.

"Fala-se em 400 mil votos, que equivaliam a 10%, mas acho que era menos", contou-me o documentarista Alex Levy-Heller, diretor do filme *Macaco Tião: O candidato do povo*. "Teve voto em São Paulo também. Chegou a sair no *Guinness* como o primata mais votado do planeta."

Com o cacife político acumulado nas eleições, Tião passou a ter vida de celebridade. Em 1989, o macaco, à Che Guevara, foi estampado em camisa, adesivo e broche em celebração ao seu aniversário. Em 1990, quando completou 27 anos, Tião ganhou frutas, ovos de codorna e a visita do então prefeito, Marcello Alencar (a quem recebeu com um cuspe de água na cara).

Quando Tião completou trinta anos, o zoológico distribuiu bolo e refrigerante para mil pessoas (o macaco teve de se contentar com a dieta de frutas). No ano seguinte, a festa teve 1200 balões de gás. Como era praxe nessas ocasiões, Tião jogou areia, frutas e água no público. Waldemiro da Silva, seu ex-tratador, diz que, "para o visitante, o aniversário era uma alegria; para o macaco, um estresse".

O chimpanzé não é uma espécie nativa do Brasil. Foi trazido ao longo do século XX para integrar o plantel de circos e zoológicos. De acordo com o empresário Pedro Ynterian, fundador do Great Ape Project (projeto que abriga quatro santuários de primatas no país), a importação chegou a duzentos exemplares. "Eles trabalhavam em circo porque eram ativos, expressivos e aprendiam rápido", contou-me. "Mas quando faziam sete ou oito anos, ficavam fortes, incontroláveis, e acabavam sendo descartados."

Nos anos 1980, ele diz, o chimpanzé chegou a valer 20 mil dólares. Na década seguinte, quando o governo brasileiro estabeleceu controle mais forte para o comércio de animais silvestres, a importação declinou. O "ocaso artístico" do macaco, por assim dizer, ocorreu a partir de 2005, quando cidades e estados passaram a proibir o uso de animais em circos (ainda não há uma lei federal que trate do assunto). Ynterian fala em 120 chimpanzés ainda vivos no país. A população total, estimada em 2 milhões no século passado, está reduzida a cerca de 50 mil exemplares: espalha-se por 21 países africanos, numa faixa que vai do Senegal a Ruanda.

O gênero Pan, ao qual pertence o chimpanzé, divide-se em duas espécies: *Pan paniscus* (conhecida como "bonobo") e *Pan troglodytes*. Tião pertencia à segunda categoria, em que os machos pesam sessenta quilos, medem 1,70 metro de altura e chegam a ter três vezes a força de um homem. Na natureza, vivem em bandos de cinco a 150 animais e se alimentam de frutas, folhas, sementes, insetos e, por vezes, pequenos mamíferos.

Nada que lembrasse a vida de Tião. Solitário e bípede (devido à convivência com humanos), o macaco tinha um cotidiano regrado: tomava leite com vitamina às oito da manhã, almoçava às dez horas e terminava o dia com um lanche, às 16h30. A partir dos 28 anos, passou a tomar um comprimido diário para controlar a diabetes. "Eu anunciava que era a hora do remédio", contou Waldemiro da Silva. "Ele colocava a língua para fora. Depois eu o obrigava a abrir a boca, para checar se o remédio não estava escondido."

Silva esteve para Tião como Marlene Mattos para Xuxa. Ensinou o macaco a fazer pose de galã, acenar para o público e abrir os braços como o Cristo (a tentativa de repassar os truques ao chimpanzé Paulinho, que o substituiu, foi vã). Sabedor das preferências do animal, presenteava-o com areia para atirar no público. Fazia-o recolher cascas de laranja e banana enquanto limpava a jaula. "Tinha que tratá-lo como uma pessoa", diz. "Eu convivia mais com o Tião que com os meus filhos."

Ele foi o primeiro a perceber que Tião ficara diabético. ("A urina estava amarelada.") Quando o macaco chegou aos 32 anos, o tratador também foi o primeiro a notar que seu fim estava próximo. ("Ele começou a emagrecer. De oitenta quilos, caiu para cinquenta.")

Tião morreu na madrugada de 22 para 23 de dezembro de 1996, depois de entrar em coma diabético. "Passamos a noite toda com ele, medicando, mas foi inevitável", contou o veterinário Luiz Paulo Fedullo. César Maia, então prefeito, decretou luto oficial de oito dias na cidade. Fernando Gabeira, à época deputado, escreveu na *Folha* que estava em "luto pela morte de um político íntegro". "Quem jogaria terra em Marcello Alencar de agora em diante?", perguntou, em tom amistoso.

No zoológico, Tião foi homenageado com uma estátua em tamanho real. Seu esqueleto foi levado para o Centro de Primatologia do Rio de Janeiro, em Guapimirim, onde está exposto junto a uma ossada de gorila e alguns crânios de *Homo sapiens*.

Hélio de la Peña nunca foi ao mausoléu, mas chegou a levar seus três filhos para conhecer o macaco no zoológico. Já o arquiteto Paulo Celso Brandão, que dirigiu a instituição até 1989, diz ter vivido ali o período mais gratificante de sua vida profissional. "Acho que no fundo essa polêmica nos ajudou", pensou em voz alta, vestido numa camiseta com a imagem do macaco. "Divulgava o zoológico."

O sobrevivente

Cyanopsitta spixii

Em agosto de 2002, Mickey Muck — então gerente de uma clínica veterinária em Denver, nos Estados Unidos — recebeu uma ligação anônima. Do outro lado da linha estava uma senhora, moradora da mesma cidade, que se dizia dona de uma ararinha-azul nascida no Brasil. Procurava Muck por supor que ela, proprietária de sete papagaios, saberia como levar o animal de volta ao país de origem.

De início, Muck se mostrou cética. A espécie já estava extinta na natureza. Até onde ela sabia, só havia sessenta ararinhas-azuis no mundo, todas em cativeiro (nenhuma nos Estados Unidos). Por isso, quando combinou a primeira visita, achou por bem ir acompanhada de dois especialistas. Ao chegar à casa da proprietária — que até hoje permanece anônima —, o grupo teve um calafrio. Aquela ave pequena, com cabeça grisalha e corpo azulado, era, de fato, uma ararinha-azul.

Para um astrônomo, seria como achar água em Marte. Para um médico, a cura de uma doença. Para a ornitologia, o fato se anunciava como um valioso reforço na chance escassa de preservar a espécie. Muck acabara de encontrar a última ararinha-azul ainda não catalogada. Seu nome era Presley.

Até ser resgatado, em 2002, Presley amargou ao menos duas décadas de clandestinidade. A primeira metade de sua vida, portanto, existe mais em forma de hipótese que de fato consumado. Valendo-se do que é regra à espécie, provavelmente nasceu às margens do rio São Francisco, na região da caatinga que une a Bahia a Pernambuco. Capturado ainda filhote, na década de 1970, parece ter sido levado de carro ao Paraguai, onde foi vendido ao importador britânico Gordon Cooke — que muitos anos depois seria condenado a seis meses de prisão por tráfico de animais. Após uma escala de avião em Madri e um breve período em Londres, o animal acabou repassado, com mais um filhote, a um colecionador no Colorado. Em 2003, depois que o repatriamento foi noticiado, Cooke escreveu a Mickey Muck relatando a suposta trajetória da ave. Dizia que Presley era "obviamente" uma das duas ararinhas que ele contrabandeara da América do Sul.

No Colorado, a história que se conta é a de que o colecionador, sabendo-se investigado, repassou as aves de graça à senhora que acabaria telefonando a Muck. Não se conhece que fim teve a segunda ararinha. Já Presley, batizado em homenagem ao rei do *rockabilly*, recebeu a companhia de um papagaio-fêmea verde, do gênero Amazona, com quem passou a dividir o teto a partir de então. Mickey Muck me contou, por telefone, que os proprietários "eram pessoas boas e tinham filhos". "As aves ficavam na sala, faziam parte da família. A senhora sabia que era dona de uma ave rara, mas não tinha a medida de quão rara e preciosa ela era."

O casal de aves viveu em relativa alegria por cerca de vinte anos. Com a morte de sua companheira, em 2002, Presley entrou em depressão — fiel ao padrão de comportamento da espécie, ele era monogâmico. Foi quando sua proprietária, preocupada, resolveu procurar ajuda. Firmado o acordo de que não seria processada, entregou o animal em 10 de setembro daquele ano. Depois de levá-lo para sua casa, Mickey Muck escreveu em seu diário: "Tirar o Presley da casa onde viveu por 23 anos foi muito difícil. Desenvolvi uma relação com ele e com a família, que confiava em mim. A família disse adeus sabendo que ele estaria seguro".

Existem três tipos de araras-azuis ainda vivas. Da maior delas, conhecida simplesmente como arara-azul, há cerca de 5 mil exemplares espalhados pelo Pantanal. A arara-azul-de-lear conta com 1500 indivíduos numa região conhecida como Raso da

Catarina, no nordeste da Bahia. Corre sério risco de extinção. A menor, mais rara — e, por isso, famosa —, é a ararinha-azul, protagonista do filme *Rio*, de Carlos Saldanha (inspirado, inclusive, na história de Presley). Só existe em cativeiro.

Endêmica da caatinga, a ararinha-azul foi coletada em 1819, quando o naturalista alemão Johann Baptist von Spix — a quem a ave prestaria tributo, sendo batizada de *Cyanopsitta spixii* — caçou um exemplar nos arredores de Juazeiro.

Integrante da comitiva da arquiduquesa Leopoldina da Áustria, Spix desembarcara no Rio de Janeiro dois anos antes, acompanhado do botânico Carl Friedrich von Martius, seu conterrâneo. Em dezembro de 1817, a dupla partiria para São Paulo e Minas, e depois atravessaria o interior da Bahia rumo ao norte. Foi quando Spix avistou o animal. A descrição em latim, publicada no livro *Avium Species Novae*, dava conta de que a ave era "grande, em tom azul-esverdeado, com plumagem cinzenta no maxilar e a parte inferior da cauda preta". Quanto aos hábitos, Spix a descrevia como gregária: "Mora em bandos, aliás raríssimos, perto de Juazeiro, nos campos à margem do rio São Francisco".

O ornitólogo Carlos Yamashita, maior autoridade no estudo da espécie, diz que Spix e Martius deviam estar de mula ou a cavalo, na beira do rio, quando avistaram a ararinha. A ave, taxidermizada, seguiu para a Europa em abril de 1820, a bordo do navio *Nova Amazonia*, junto com milhares de insetos, mamíferos, peixes e pássaros coletados por Spix. Com o tempo, a ararinha-azul se tornaria símbolo de poder. O marechal Tito, que unificou a Iugoslávia no século xx, foi dono de uma. Assis Chateaubriand, proprietário dos Diários Associados, no Brasil, também.

Depois da descoberta de Spix, a ararinha só voltaria a constar dos anais da biologia em 1903 — quando avistada pelo austríaco Othmar Reiser — e em 1927 — quando descrita pelo alemão Ernst Kaempfer, que reconheceu um exemplar, engaiolado, na estação ferroviária de Juazeiro. A partir de então, conta Yamashita, "toda a geração de ornitólogos dos anos 1940 e 50 ficou atrás desse bicho".

O hiato, salvo por duas breves aparições, persistiu até 1986, quando o suíço Paul Roth, à época professor da Universidade Federal do Maranhão, encontrou o que julgou serem as três últimas ararinhas na natureza. Estavam nas proximidades de Curaçá, numa região conhecida como Riacho da Melancia, a cem quilômetros de Juazeiro. O pesquisador supôs, pela localização, que deveriam ter algum parentesco com a primeira ararinha catalogada por Spix. Concluiu que a população se extinguira pela caça, pelo tráfico e pela introdução de abelhas-africanas, que passaram a competir por espaço nas árvores. Roth percebeu, também, que a ararinha tinha uma relação de dependência com a caraibeira — árvore alta, de copa amarela, típica da caatinga e do cerrado. Ainda que lhe servisse de repouso e repasto, a árvore havia contribuído, por tabela, para o fim da espécie: como a ave costumava montar ninho nos mesmos locais, tornava-se alvo fácil para os traficantes.

Quando voltou ao Riacho da Melancia, no começo de 1987, Roth constatou que uma das três ararinhas havia desaparecido. No ano seguinte ouviu de moradores que, entre o Natal de 1987 e o réveillon de 1988 — quando o Ibama estava em recesso —, as outras duas também sumiram. "Como os caçadores não são exatamente gentis, invadiram a área de estudo com um grupo de homens armados, e nenhuma das pessoas contratadas por nós ousou interferir", escreveu em 1990, num artigo para a revista alemã *Papageien*.

O pesquisador retornou à Suíça, e pela primeira vez a espécie foi declarada extinta na natureza.

Ao chegar à nova casa, em setembro de 2002, Presley atravessou uma sala habitada por seis aves e foi levado ao andar de cima, onde passou a dividir um quarto com Mickey Muck e um papagaio-do-congo chamado Rikki. "Achamos que ele deveria ter a companhia de uma ave", contou-me Muck.

Magro e sorumbático por causa da depressão, o novato foi recebido com brinquedos (seu preferido era um pequeno sapo de pelúcia) e um banho de spray para lustrar as penas. Trocou o alpiste industrializado por uma dieta rica em sementes, grãos e frutas. À diferença das outras aves da casa, ganhou salvo-conduto para andar pelo quarto, num passeio que vez por outra era feito ao som de "Blue Suede Shoes", sucesso de Elvis. Muck disse que Presley "amava a música". Ela também gravou a voz do próprio animal e reproduziu-a em loop para que ele se habituasse ao som da sua espécie.

O passo seguinte foi restabelecer sua musculatura (como vivia num espaço pequeno, Presley não conseguia voar). Muck espalhava a comida em diferentes lugares da gaiola, para que o animal pulasse de um poleiro a outro. Duas vezes ao dia ela também abria suas asas, movimentando-as para cima e para baixo a fim de que ele ganhasse tônus. Depois de duas semanas, o animal passou a ajudar no movimento, recebendo como recompensa um pinhão, sua comida favorita. Num artigo publicado na revista norte-americana *PsittaScene*, em fevereiro de 2003, Muck escreveu que na terceira semana, ao perder o equilíbrio, Presley "abriu as asas e teve controle de si mesmo". Era uma vitória.

Havia ainda um terceiro assunto a ser definido. Como é difícil determinar o sexo de uma arara, uma amostra de sangue foi coletada para que se comprovasse, por DNA, que Presley era mesmo um macho. Passados três meses — em que o animal triplicou de peso —, um veterinário do zoológico de Denver atestou que ele estava forte o suficiente para encarar a jornada de vinte horas até o Brasil. Muck disse ter ficado feliz, "ainda que fosse difícil dizer adeus".

Num domingo, 22 de dezembro de 2002, ela e o agente George Morrison, do US Fish and WildLife Service, pegaram um voo de Denver para Miami, onde encontrariam a veterinária Maria Iolita Bampi, à época chefe do departamento de vida silvestre do Ibama. Muck viajou com Presley a seus pés, numa casinha de cachorro lotada de pinhões e sapos de pelúcia. Entristecida, colocou os dedos na grade, durante o voo, para que o animal sentisse estar em boa companhia. Antes de entregá-lo, tomou-o entre as mãos, para a despedida. "Foi muito triste; chorei", contou. "Mas foi um choro bom, por saber que ele encontraria outras aves."

Iolita Bampi disse também ter se emocionado: "Percebi a dificuldade dela em se desfazer da ave. Sou veterinária, sei do apego que as pessoas têm pelos animais. A Mickey conversava com o Presley, e ele com ela, mas havia algo maior em jogo. Nosso olhar não estava naquele indivíduo, mas na contribuição dele para a espécie".

Presley e Iolita seguiram juntos até o avião. O animal foi novamente acomodado sob o banco de passageiros, agora para um voo de oito horas. Cumpridas duas décadas de exílio involuntário, voltava a seu país. "Voamos direto para São Paulo, e do aeroporto fomos para o zoológico, que já tinha experiência no manejo da espécie", disse Iolita. "Nossa expectativa era de que, uma vez pareado com uma fêmea, ele pudesse se reproduzir."

Mickey Muck nunca mais voltou a encontrar a ave ou a família que a abrigou por 23 anos: "Mas rezo pelo Presley toda noite antes de dormir".

Em janeiro de 1990, o fotógrafo Luiz Claudio Marigo, especialista em vida silvestre, enviou um fax ao ICBP — o Conselho Internacional para a Preservação das Aves, hoje conhecido como BirdLife. Apesar da suposta extinção da espécie, Marigo ouvira boatos de que havia uma última ararinha solta na caatinga. A suspeita era endossada pelo biólogo Francisco Pontual, que costumava assessorar o fotógrafo em suas incursões pela natureza. O ICBP decidiu financiar uma nova expedição.

Em junho, um grupo formado por Marigo, Pontual e Yamashita, além dos ornitólogos Roberto Otoch e Tony Juniper, deixou o Rio em dois jipes, com destino ao oeste da Bahia. A ideia era percorrer, por um mês, a parte norte do rio São Francisco e a Chapada das Mangabeiras, no sul do Piauí — além das áreas previamente mapeadas por Paul Roth.

Em julho, quando chegou a Curaçá, o grupo se hospedou na fazenda Concórdia — local em que Paul Roth havia visto o trio de ararinhas. Pontual lembra que na manhã seguinte acordou cedo, "antes do sol nascer", e seguiu com os companheiros até um local indicado por um vaqueiro. "Quando descemos do carro para andar até as caraibeiras, começamos a ouvir a ararinha, como se fosse a voz de um fantasma", rememorou. "Pelo som, sabíamos que era ela."

O britânico Tony Juniper descreveria a cena em *Spix's Macaw*, o mais importante livro publicado sobre a espécie: "O grito ficou mais alto, até que a fonte dele finalmente apareceu. Sua plumagem azul era visível na luz do amanhecer. A cabeça grisalha, a cauda comprida, o forte bater das asas; não havia dúvida de que era ela. Havíamos achado uma ararinha-azul. Ficamos mudos, olhando para a criatura que até então era mítica para nós".

Passaram uma semana acompanhando o animal, que reagiu com desconforto. "Afinal, já haviam ocorrido várias tentativas de capturá-lo", escreveu Juniper. "Sua suspeição natural era o que o mantivera vivo." Quando voltaram da expedição, publicaram a descoberta na revista *Manchete*. Pontual contou que a direção do Ibama ameaçou processá-los. "Disseram que a divulgação ia ser boa para os traficantes, como se eles, os traficantes, não soubessem daquele animal", ironizou. "O Ibama já tinha tido a chance de fazer algo decente e não fez. Por isso divulgamos."

O embate ocorrera também porque o Ibama estava à beira de criar um programa — o Projeto Ararinha-Azul — e um grupo — o Comitê Permanente para a Recuperação da Ararinha-Azul — com o intuito de reintroduzir os animais de cativeiro na natureza. O projeto, com sede em Curaçá e um ponto de apoio na fazenda Concórdia, ficaria a cargo do biólogo Marcos Aurélio Da-Ré, então com 25 anos.

Nascido em Florianópolis, descendente de italianos, dono de uma pele que ruboriza em segundos, Da-Ré dividia, com a ararinha recém-descoberta, o fardo de ser o único da sua espécie no sertão. Era chamado de Galego da Ararinha. Foi para Curaçá em agosto de 1991 imaginando, pela proposta do Ibama, que ficaria oito meses por lá. Além de recuperar o habitat e zelar pelo último dos moicanos, precisava envolver a comunidade para que, na hipótese da reintrodução, o animal, antes caçado, passasse a ser protegido.

Da-Ré tomou a iniciativa de procurar o traficante Luiz Carlos Ferreira Lima, o Carlinhos das Araras, que dominava o comércio do animal desde os anos 1980 em Petrolina, cidade a poucos quilômetros de Curaçá. O biólogo contou que, no primeiro encontro, "Carlinhos parecia bicheiro, andava de correntão, tinha um carro de luxo". O contato havia sido feito por Francisco Pontual, que soubera, por um colecionador, que Carlinhos tinha interesse "em limpar a própria barra".

"Ele desabafou, abriu o jogo com a gente", Pontual me contou. "Era a honra de traficante, de quem achava que tinha feito o trabalho bem-feito, porque só pegava filhote. O Carlinhos ficava enfurecido com a turma do Piauí", caçadores do estado vizinho "que, segundo ele, passavam o rodo, levavam tudo e não deixavam a espécie procriar".

Ao longo de uma semana, Carlinhos, Da-Ré e Pontual visitaram quatro bacias onde os traficantes costumavam atuar. Acamparam, tomaram cachaça, mas não acharam nenhum remanescente da ave. Ainda assim o encontro rendeu um dividendo: Carlinhos garantiu que não voltaria a negociar o animal.

No ano seguinte, o Comitê Permanente definiria, numa aposta de risco, que a ararinha de Curaçá não seria capturada. Mais: quando soubessem seu sexo, ela receberia a companhia de uma ave de cativeiro para reprodução. Os oito meses de Da-Ré tornaram-se sete anos. "Do ponto de vista genético, o ideal seria pegar o animal e levar diversidade para o cativeiro", ele explicou, quando o encontrei em Florianópolis. "Mas havia duas outras preocupações. Retirando o animal da natureza, iríamos perder a cultura da espécie. Era importante manter um núcleo para que as ararinhas que viessem depois soubessem onde estavam os recursos. Os animais de cativeiro não tinham aquele conhecimento, que é aprendido."

A segunda preocupação dizia respeito aos moradores de Curaçá. "Para manter o habitat no futuro, seria fundamental ter a colaboração da comunidade", continuou. "Se tirassem o animal, a população poderia se sentir traída, prejudicada. Criamos escola, troféu, desfile sobre a ararinha. Ela alimentava o sentimento comunitário."

Naquele mesmo ano, Da-Ré enviou uma pena, encontrada próximo ao ninho da ave, para ser periciada numa universidade inglesa. O exame de DNA mostrou que se tratava de um macho.

A ararinha-azul escalada para voltar à natureza seria fêmea.

* * *

No dia 23 de dezembro de 2002, uma segunda-feira, Presley deu entrada no zoológico de São Paulo. Recebeu um número de inscrição (27848) e uma gaiola, numa sala aquecida, onde cumpriu quarentena até obter um atestado de boa saúde. Pesava 375 gramas, estava tranquilo e — herança das duas décadas de domesticação — demonstrava uma evidente empatia com os tratadores. Para driblar a solidão, ganhou a companhia de um rádio, sintonizado numa emissora de notícias, de onde vinha o afago da voz humana. "Coloquei também uma cadeira na sala para passar o tempo com ele", contou a bióloga Fernanda Vaz, chefe do setor de aves. "Além, claro, dos brinquedos que o acompanhavam desde os Estados Unidos."

O zoológico acolhera Presley a pedido do Ibama. Apesar de encravado na maior cidade do país, próximo do aeroporto de Congonhas — cenário que em nada remete à aridez da caatinga —, o estabelecimento era, pelo histórico, o que melhor se enquadrava para cuidar do animal. Recebera a primeira ararinha-azul em 1976. Quando Presley chegou, a instituição já zelava por um casal da espécie.

Findo o período de solitária, Presley foi colocado num viveiro contíguo ao do casal. A separação era necessária para proteger o novato. Além de ser mais velho, cansado e não voar (locomovia-se agarrando os pés à grade), Presley ainda arcava com o fardo, involuntário, de representar uma ameaça ao matrimônio alheio. "Ele provavelmente apanharia", explicou Fernanda Vaz. "Ficou sozinho por um ano e meio."

Presley acabaria sendo beneficiado por uma decisão do Congresso Nacional. Em fevereiro de 2003, a Comissão Parlamentar de Inquérito sobre o tráfico de animais recomendara, no relatório, que o Ministério Público investigasse o empresário

Maurício dos Santos — dono do criadouro Chaparral, do Recife, que funcionava sem o aval do Ibama.

Três meses depois, Presley teve o sangue colhido e um microchip implantado no peito. Também ganhou um brilho no bico — que devido ao crescimento anormal passaria a ser lixado, duas vezes por ano, com um polidor dentário. O banho de loja tinha por onde: o zoológico acabara de receber as quatro ararinhas que viviam no Chaparral. Entre elas havia uma fêmea, filhote — a primeira nascida em cativeiro no Brasil —, cujo nome tinha a candura e a delicadeza de uma musa parnasiana: chamava-se Flor.

No dia 13 de setembro de 2004, Presley e Flor trocaram o primeiro olhar. A fêmea foi retirada do viveiro que dividia com a irmã e levada a uma sala fechada onde o varão a aguardava. Foram postos em duas gaiolas, lado a lado, para que um se habituasse à presença do outro. Passados seis meses, o casal seguiu para um viveiro conjunto.

"Qualquer aproximação de arara leva tempo", explicou Fernanda Vaz, em sua sala decorada com fotos de uma ararinha-azul e de uma coruja, além de várias miniaturas de são Francisco de Assis. "O primeiro contato físico dos dois não foi nada de mais. Ficou cada um parado em seu poleiro."

Fernanda Vaz logo percebeu que Flor preferia a companhia da irmã, com quem estava acostumada, à da ave estranha e idosa com quem lhe fora imposto conviver. "A irmã ficava num recinto próximo", contou. "Elas queriam estar juntas, procuravam uma à outra, vocalizavam."

A dependência fraterna teria continuado a interferir se Presley, uma vez mais, não contasse com a ajuda do acaso. Em agosto de 2005, o Comitê Permanente para a Recuperação da Ararinha-Azul decidiu que as sete aves do zoológico de São Paulo — então as únicas no país — deveriam ser espalhadas. Ainda que vivessem em área restrita, distante do público, e vigiadas por câmeras, parecia arriscado, do ponto de vista físico e sanitário, que permanecessem num só local.

Para o casal recém-formado designou-se um viveiro com varanda e vista para o mato na Fundação Lymington, criadouro privado, rodeado pela serra do Mar, a duas horas de São Paulo. Num ofício assinado em 30 de agosto, o Ibama recomendava aos donos da fundação que Presley tivesse companhia humana, pois o isolamento o deixava "deprimido, inclusive parando de se alimentar".

A irmã de Flor seguiu sozinha para o criadouro Nest, em Avaré, onde anos depois acabaria conhecendo um macho.

Ararinhas-azuis, como os seres humanos, têm registro de identidade, pelo qual se mapeiam seus movimentos. No dia 23 de agosto de 1994, a fêmea n. 7 — capturada e vendida em 1987 para o criadouro Chaparral — deixou o viveiro no Recife para voltar à cidade onde nascera. Fora escalada para ser reintroduzida na natureza, às margens do rio São Francisco, na esperança de que constituísse família com o último macho livre da espécie.

A escolha foi feita pelo Comitê Permanente. Marcos Da-Ré argumentou que aquela ave era a que tinha a maior chance de sobrevivência. "Ela não era muito humanizada, tinha uma personalidade arredia, o que seria vantajoso no retorno à natureza", explicou.

A fêmea foi levada de carro até a fazenda Concórdia, em Curaçá, onde se montara um viveiro com sete metros de altura para recebê-la. O espaço, equivalente a uma casa de dois andares, seria sua base de treino. De acordo com um relatório publicado em 2012 pelo ICMBio (o Instituto Chico Mendes de Conservação da Biodiversidade, que substituiu o Ibama no projeto), o animal, que ao chegar voava cinquenta metros por dia, no quarto mês já batia as asas por até 3 mil metros de distância.

Em paralelo, a alimentação foi sendo substituída, a fim de que a ave se acostumasse à oferta de sementes da caatinga. Maçã, goiaba, cenoura, beterraba, feijão-verde, ovo cozido e ração deram lugar a frutos de pinhão, favela, baraúna e caraibeira. No início, a ave precisava de quinze minutos para abrir um pinhão — tempo que na quarta semana foi reduzido para apenas três minutos.

O viveiro foi aberto às 7h22 do dia 17 de março de 1995. Às 7h47, segundo o relatório, a fêmea voltou à natureza, sem um radiotransmissor "para que isso não interferisse negativamente na aceitação pelo macho selvagem". Outro macho — também do criadouro Chaparral — permaneceu numa gaiola, próxima ao viveiro, para lhe servir de referência geográfica. Embora os integrantes do projeto tivessem espalhado na área alimentação suplementar, já no primeiro dia a fêmea passou a comer sementes silvestres. Marcos Da-Ré diz que a entrega ao habitat foi imediata: "Era um animal de lá, que devia ter sido raptado adulto, porque sabia onde era a árvore em que as ararinhas se reuniam no passado".

Em um mês, estava voando entre trinta e quarenta quilômetros por dia. Por volta do dia 15 de maio, ela finalmente encontrou o macho selvagem. Da-Ré disse que teve uma sensação de dever cumprido: "Até vaqueiro se emocionava com isso".

Mas havia ainda um trabalho de sedução a ser feito. Carentes, tímidas e monogâmicas, as ararinhas têm horror ao celibato. Por isso, na falta de uma fêmea da espécie, o macho se juntara a uma maracanã — ave verde, similar em peso e tamanho. Da-Ré diz que as mulheres da comunidade, diante do fato, se dividiram: "Metade torcia pela ararinha, metade pela maracanã".

Depois de uma semana seguindo o macho e a maracanã, a fêmea de ararinha-azul terminou por conquistá-lo. A maracanã, segundo o relatório, passou a acompanhar o novo casal à distância. Diz o texto que, estabelecido o novo vínculo, "as duas ararinhas-azuis acompanhavam a maracanã até seu local de pernoite (uma cavidade em caraibeira) e depois voltavam para seu próprio dormitório. No início de junho, a fêmea de maracanã pareou com um macho da sua espécie e as quatro passaram a voar juntas".

Teria sido um final feliz. Teria, se a ararinha-fêmea não sumisse três meses depois de ter sido libertada (mais tarde, um vaqueiro contaria tê-la encontrado morta sob uma linha de alta-tensão). Da-Ré diz que não houve arrependimento. "Estávamos buscando a maior chance de sobrevivência da espécie", explicou. "Optamos por fazer algo de alto risco, mas a outra opção seria a certeza absoluta de não dar certo. Se tivéssemos levado o macho para o cativeiro, estaríamos sepultando a última informação que havia sobre o habitat."

Meses depois, o macho restabeleceu a relação com a maracanã.

No dia 13 de setembro de 2005, Presley e Flor deixaram o zoológico de São Paulo. Assim como o presidente e o vice dos Estados Unidos, viajaram em carros separados, por medida de segurança. Chegando à Fundação Lymington, foram alocados num viveiro dentro da sede. Acreditava-se que ali, em ambiente intimista, teriam chance de se reproduzir. "O comportamento deles mudou completamente", lembrou Fernanda Vaz, que fez algumas visitas às aves. "Os dois passaram a agir de fato como casal. Estavam sempre no ninho."

Entre maio e agosto de 2006, Flor botou treze ovos. A novidade, divulgada com entusiasmo entre os membros do Comitê Permanente, logo se mostraria frustrada: nenhum ovo era fértil —

ararinhas não têm falo, e a cópula, feita com o esfregar das cloacas, é bastante complicada. Por conta disso, o comitê decidiu que Presley, à época já no terceiro decênio, seria aposentado. Flor seguiu para a Fundação Loro Parque, na Espanha, onde recebeu a companhia de um macho mais jovem chamado Lampião, com quem teve novo fracasso reprodutivo.

Bill e Linda Wittkoff — um casal de norte-americanos que vive no Brasil desde 1961 e sustenta a Fundação Lymington com recursos próprios — decidiram colocar Presley, então, em companhia de uma ararajuba chamada Killer. Ainda que evidentemente distintos (uma ave era azul; a outra, amarela), Presley e Killer viveram bem até dezembro de 2013, quando a fêmea foi encontrada morta.

Presley ficou mais uma vez abatido. Desde que fora capturado, traficado e finalmente repatriado, acumulara ao menos cinco separações. "Ele ficou prostrado no mesmo lugar, com um olhar solitário", lembrou Linda Wittkoff. "Não podíamos deixá-lo sozinho."

Daí que, passados três dias, a ave, qual um sultão, foi para o sexto casamento. A fêmea escolhida (um papagaio-do-peito-roxo) recebeu a alcunha de Priscilla — homenagem à esposa de Elvis. Presley limpava Priscilla e dormia com ela sob o aquecedor. A ideia era que os dois ficassem juntos até que o macho fosse encaminhado ao criadouro Nest para uma nova tentativa de reprodução — dessa vez por inseminação artificial. Em junho de 2014, no entanto, Presley passou a comer pouco e respirar com dificuldade. Deixaria a Fundação Lymington numa manhã de sábado, com destino a um hospital veterinário.

Presley ficou internado por quatro dias em Botucatu, sob os cuidados de uma equipe encabeçada pelo veterinário Ramiro Dias. Tinha lesão hepática e problema cardíaco. Recebeu oxigênio e tomou remédio para o coração, fígado e rim, além de um antibiótico para evitar infecção. Devido à debilidade do bicho, Dias não pôde examiná-lo. "Queríamos aguardar uma melhora para fazer os exames complementares. Fiquei ao lado dele, conversando."

O animal seria encontrado morto na manhã de quarta, dia 25. Horas depois, Bill e Linda Wittkoff publicariam um comunicado: "À medida que o sol se levantou nesta manhã na Fundação Lymington, o mundo perdeu, sem exagero, o nome mais conhecido do universo das aves". No obituário, escrito na primeira pessoa do plural, lamentavam a falta que sentiriam "do canto animado quando passávamos próximos ao aviário", e concluíam: "Acreditamos, verdadeiramente, que ele teve uma boa vida nos últimos oito anos".

Ao receber a notícia por e-mail, no Colorado, Mickey Muck voltou a abrir seu diário. "Vou sentir saudades, Presley. Sinto-me muito honrada que você tenha dividido parte de sua vida extraordinária comigo. Sei que está em paz", escreveu. Doze anos depois de encontrá-lo, colocava um ponto final em sua história com a ave.

Erguida à beira do rio São Francisco, Curaçá é uma cidade de 32 mil habitantes que tem um mercado chamado Mercado e uma farmácia chamada Farmácia. No que diz respeito à ararinha, é hoje uma sombra do que era quando da reintrodução da fêmea n. 7. A sede do Projeto Ararinha-Azul está fechada. O viveiro para onde foi levada a fêmea, na fazenda Concórdia, está abandonado. Não há desfile cívico nem peça de teatro sobre a ave.

Ex-fazendeiro de Curaçá, o empresário Luís Lopes Netto Júnior me disse que o que restou ali foi "uma coca-cola reduzida a dolly". Netto Júnior serviu de braço direito de Marcos Aurélio Da-Ré durante o período do projeto. "O uniforme da cidade naquela época era uma camiseta com o retrato da ararinha", lembrou. "Tinha um vaqueiro que, ao buscar os animais, levava vinte mudas de caraibeira para plantar, por causa da ave."

A debacle começou em 2000, quando a ararinha macho, desaparecida, foi dada como morta. Na falta de um corpo, surgiram rumores de uma possível captura. As duas ararinhas anteriores, segundo publicara Paul Roth na revista *Papageien*, haviam sido raptadas "por um traficante de Petrolina".

Num domingo de 2014, Luiz Carlos Ferreira Lima, o Carlinhos das Araras, aceitou me receber em Petrolina. Marcamos em frente ao seu comércio de ração, o Shopping do Criador, e seguimos de carro para uma chácara em Juazeiro, onde sua família e alguns amigos queimavam um churrasco.

Era julho, mês em que o sol faz um breve cessar-fogo no sertão. Carlinhos usava camisa listrada de botão, calça social e um relógio dourado — que combinava, em brilho, com a corrente no pescoço. Falou sobre futebol — era época de Copa, e um cartaz na entrada da cidade definia Juazeiro como "A Cidade de Daniel Alves". Em seguida, pôs-se a contar sua história.

Nasceu em Petrolina, filho de uma dona de casa com um marchante (profissional que abate o gado). Começou a trabalhar ainda criança, largou a escola na quinta série. Aos oito anos, conheceu o comerciante Nascimento Gonçalves.

Morador de Duque de Caxias, no Rio, duas vezes por mês Gonçalves aparecia de carro na feira de Petrolina. Comprava papagaios ou canários e os revendia, inflacionados, na Baixada Fluminense. Como a oferta por vezes fosse grande — a ponto de não caber no bagageiro —, alugou um terreno, vizinho à casa de Carlinhos, para estocar os bichos. Deixava-os sob os cuidados do menino.

Aos onze anos, Carlinhos começou a fazer o meio de campo entre os caçadores e Gonçalves. Também mantinha contato com fornecedores de outros estados. Com a ajuda da mãe, diz ter comprado trezentos papagaios de Antônio Machado, patriarca da família que dominava o comércio de aves no Piauí. No ano seguinte, teve o primeiro contato com a ave que lhe renderia o apelido. "Um cabra, o seu Lorino, apareceu em Petrolina com três *spixii*", lembrou ele, que só se refere ao animal pelo nome científico. "Eu não tinha dinheiro para comprar; o Nascimento tinha."

Como telefone em Petrolina fosse mais raro que ararinha, Carlinhos levou Nascimento Gonçalves até a central telefônica mais próxima. Ficou calado, ouvindo-o negociar o trio pelo valor "de dois carros novos". Ao sair, correu em direção ao fornecedor, seu Lorino. "Falei pra ele: 'Se tiver mais *spixii*, eu compro'."

No ano seguinte, adquiriu suas primeiras ararinhas. Diz ter trocado o bando por um Opala zero-quilômetro e mais uma boa quantia em dinheiro. Ainda adolescente, passou a andar de motorista e tomou conta do mercado. "Nessa época, a polícia não ligava pra passarinho. Nem proibido era."

Em 1988, o tráfico de animais virou contravenção. Carlinhos foi preso duas vezes, mas passou poucos dias na cadeia. Diz que o cenário só mudou "quando Marcos Da-Ré veio pra cá", época em que começou a ouvir o termo "extinção". Quando foi pego pela terceira vez, em março de 2004, acabou condenado a oito anos. A briga pela liberdade condicional enxugaria seu dinheiro em advogados. Aos 53 anos, casado, pai de três filhos — um deles policial civil —, faz um relativo mea-culpa. Diz sentir raiva se vê "um cara pegando bicho".

"Quando a gente mexia com bicho, zelava igual zela o filho do cabra. Até porque, se morria, não tinha o dinheiro. Cheguei a ter uns oito tratadores para dar comida", explicou. "Hoje, não. O pessoal anda com bicho escondido, fica ruim pro animal."

Disse nunca ter caçado. Só comprava filhote, "e pouco, porque se pegasse um bocado, desvalorizava". Não se sente responsável pelo fim da espécie: "Não fui eu que peguei. Se eu não tivesse comprado, alguém comprava. Naquela época era uma pobreza só. Às vezes vendia um papagaio pra fazer a feira".

O biólogo Francisco Pontual, que esteve com Carlinhos em 1991, não atribui a ele o rapto das últimas ararinhas: "Não acho que o Carlinhos tenha jogado a pá de cal. Ele era do lugar, sabia que só podia pegar filhote. Acho que foi a família Machado, que competia com ele no Piauí".

Passada meia hora da morte de Presley, o veterinário Ramiro Dias já estava no carro, percorrendo os 270 quilômetros que separam Botucatu de São Paulo. O corpo da ave o acompanhava no banco do carona, dentro de um isopor resfriado. "Senti a perda", ele me disse. "Mas tive que pensar imediatamente em como preservar a espécie."

Na capital paulista, Dias era aguardado pelos veterinários Ricardo Pereira e José Luiz Catão Dias, da Faculdade de Medicina Veterinária da Universidade de São Paulo. Ao receber o isopor, a dupla dispôs o animal sobre uma mesa de cirurgia e pôs-se à delicada tarefa de cortar-lhe os testículos.

"A Patrícia Serafini, sabendo que o Presley estava mal, me ligou uma semana antes", contou Ricardo Pereira. "Ela queria sondar sobre a possibilidade de usar as células dele para reprodução, no futuro. Falei que poderíamos congelá-las."

Especialista em reprodução de aves, Pereira estuda uma maneira de fazer com que um animal saudável ejacule o sêmen de outro, que pode estar vivo, morto ou nem pertencer à mesma espécie. Teve relativo sucesso com galos — que ejacularam sêmen de codornas. "No caso do Presley, podemos transplantar as células para outra ararinha ou para uma maracanã", contou, entusiasmado.

Para que o processo dê certo, primeiro se extraem células dos testículos da ave. Em seguida, filtra-se o tecido para coletar uma célula específica: a espermatogônia-tronco. Finalmente, injeta-se a espermatogônia no testículo do novo animal, a fim de que, lá dentro, ela se transforme em esperma. Há dois poréns: só 0,05% das células extraídas são espermatogônias; e, para não haver confusão, é preciso esterilizar as células similares do receptor — técnica que ainda precisa ser aperfeiçoada. Depois disso, a inseminação é feita artificialmente.

Presley ainda está na etapa inicial. "Retiramos os testículos e processamos as células, que estão em nitrogênio líquido na USP de Pirassununga", explicou Pereira. Ele descarta usar as células para clonagem ("Em ave não é muito simples"), mas acredita que Presley, apesar de morto em idade avançada, ainda tenha alguma chance de gerar herdeiros: "Os homens têm essa vantagem em relação às mulheres. Podem ter filhos na terceira idade".

Até que se conheça o destino das espermatogônias, Presley, qual seu homônimo norte-americano, não terá morrido.

Em agosto de 2014, pouco mais de um mês depois da morte de Presley, voltei à Fundação Lymington. Fui recebido por um papagaio cinzento chamado Rudolph, que repetia o próprio nome à exaustão, além de gritar frases soltas em inglês ("Come on! Come on!").

Linda Wittkoff chegou minutos depois, com alfaces que acabara de colher. O viveiro de Presley estava ocupado por um filhote de arara-azul-grande. Priscilla, a papagaio-do-peito-roxo enviuvada, havia se juntado a outras dez companheiras de espécie. Linda disse ter ficado triste, mas não surpresa, com a morte de Presley. "Ave disfarça, não se expõe quando está fraca. Para ele ter mostrado um sintoma tão grave como parar de comer era porque o fim estava próximo."

O assunto migrou para o futuro da espécie. A maior parte das cem ararinhas-azuis ainda vivas está fora do Brasil — 76 delas pertencem ao centro de preservação Al Wabra, do Catar, criado pelo xeque Saud bin Muhammed al-Thani, morto no final de 2014. Existe um plano do ICMBio para que alguns desses animais sejam repatriados e reinseridos na natureza, em Curaçá.

O empreendimento é complexo. É preciso esperar que os animais se reproduzam e alcancem o patamar mínimo de 150 exemplares, antes de arriscar a vida de alguns na natureza. Mas, como as ararinhas-azuis em cativeiro são aves idosas, elas produzem sêmen de baixa qualidade — o que dificulta o processo de reprodução.

Há também um problema ético: os atuais donos de ararinhas, como o centro de preservação no Catar, são os mesmos que fomentaram a extinção, tendo comprado as aves no passado. Linda Wittkoff acrescenta que é preciso haver uma revisão legal sobre a punição ao tráfico: "Não adianta fazer soltura se não houver leis mais fortes".

Como se não bastasse, há dúvidas, mesmo entre os especialistas, sobre o objetivo da empreitada. Para o ornitólogo Carlos Yamashita, a ararinha é um "relicto evolutivo". "Esse animal foi talhado para outros tempos", explica. "Todo organismo tem um auge e um declínio, que pode durar alguns milhares de anos. A espécie das araras está senil, num final de linha, o que não quer dizer que não dure mais 20 mil anos."

Pedro Develey, diretor da Sociedade para a Conservação das Aves do Brasil, concorda com Yamashita, mas faz uma ressalva: "A gente adiantou muito o que seria uma extinção natural". Ele tem conversado com o Ministério do Meio Ambiente para tentar criar uma Unidade de Conservação de 44 mil hectares em Curaçá. A área, onze vezes maior que o Parque Nacional da

Tijuca, contaria com uma política de recuperação da flora local. A proposta está sendo avaliada.

"Não dá para esperar. Ainda tem habitat", disse-me Develey, por telefone. "As pessoas que possuem essas ararinhas precisam ter a coragem de abrir mão delas, mesmo que seja arriscado. Se nascerem dez por ano, soltem dez por ano. Que se percam alguns bichos, mas tem que arriscar." O risco maior, ele diz, é esperar indefinidamente. "Muda o governo, mudam os criadores. Não quero sair abrindo gaiola à força. Mas a conjuntura ideal é agora."

O apresentador

Amazona aestiva

Às quinze horas de uma segunda-feira, um assistente de palco do programa *Mais Você*, apresentado por Ana Maria Braga na Rede Globo, avisou: "Vamos lá, galera!". Aumentou-se a música no estúdio. A equipe de apoio se escondeu das câmeras. Tranquilo, um homem de camiseta, bermuda e tênis se dirigiu ao buraco atrás de uma bancada. Vestiu um papagaio de espuma no braço direito, ajustou o microfone à altura da boca e disparou, com a voz esganiçada: "Alô, alô, alô, teste, teste. Um dois três quatro cinco seis sete oito nove deeeeeeeiiiiizzzzz!".

A gravação começou — o programa, que vai ao ar durante as manhãs, não era ao vivo. Depois da exibição de uma reportagem sobre gansos, o papagaio resolveu fazer uma piada: "Ana Maria, qual é a matéria preferida da vaca na escola?". Pausa. "É múúúúsica!" Emendou em outra: "E quando o homem vira flor?". Nova pausa. "Quando se senta no vaso, Ana Maria!"

A apresentadora foi anunciar um produto — ato interrompido por uma falha no teleprompter. Com polidez, reclamou: "Imagina se eu fosse chata, o escândalo que eu faria?". O animal, por sua vez, não perdoou: "Cadê o teleprompter? Pagou tão caro em tecnologia e dá nisso? Diretor! Diretor!". Chamaram os comerciais. Enquanto o problema era sanado, Ana Maria Braga lhe dirigiu a palavra: "Você perdeu na piada hoje, hein?". Ouviu em resposta: "É, hoje você acertou duas".

A frase, dita em tom sóbrio, não vinha mais do papagaio, mas de Tom Veiga, o homem que dá vida ao boneco do Louro José.

Veiga é casado, pai de quatro filhos e morador da Barra da Tijuca, no Rio. Aos 37 anos, leva no braço esquerdo duas tatuagens — uma com o rosto e outra com o nome da mulher — e no direito, outras cinco — todas do Louro José. Conheceu Ana Maria Braga nos idos de 1995. Ele organizava feirinhas de artesanato, que ela divulgava no *Note e Anote*, programa que apresentava na Record. Convidado a integrar a equipe, Veiga aceitou e virou assistente de palco.

Em março de 1997, Ana Maria Braga teria a ideia que mudaria a vida do assistente. Chovia; São Paulo parara. Presa no trânsito da avenida Rebouças em companhia do ex-segurança e então marido Carlos Madrulha, ela reclamou que o *Note e Anote* vinha logo depois de uma atração infantil. "Precisava de um boneco para fazer uma passagem menos dolorosa", explica, relembrando a cena. Madrulha propôs que se criasse um cachorro. "Cachorro não fala", ela teria dito. "Se precisa falar, então bota um papagaio", retrucou Madrulha. A ideia foi acatada.

"Quando cheguei em casa, corri para a mesa da cozinha e esbocei o boneco", afirma Madrulha. O nome do personagem, segundo ele, surgiu naturalmente: "A Ana já tinha um papagaio chamado José" — batizado assim por repetir as frases ditas pelo filho dela, Pedro José. Faltava encontrar quem desse forma ao desenho. "Fui atrás do pessoal da Display Set, que fazia uns bonecos para a TV Cultura", diz Madrulha. Encomendou cinco.

Semanas depois, Louro José estrearia em rede nacional. Na falta de quem o manejasse, Tom Veiga foi improvisado no posto. Madrulha diz que a escolha foi meritocrática: "O Tom tinha senso de humor. No intervalo, brincava com o câmera, com as meninas do merchandising, com a Ana". Já para Ulda Mandú, que produzia o programa na Record, o critério foi o mais puro improviso: "A única pessoa que acompanhava a Ana no estúdio era o Tom. Só podia ser ele". Nos primeiros meses, Veiga se dividiu entre as duas funções. Efetivado papagaio, comemorou: "Minha vida mudou da água para o vinho".

Fantoches de bichos povoam a TV brasileira desde o fim dos anos 1960, quando o comediante Agildo Ribeiro coestrelou o programa *Mister Show*, na Globo, com o camundongo Topo Gigio. O formato, importado da Itália, fez um enorme sucesso. Na temporada seguinte, Topo Gigio já embarcaria em carreira solo, que duraria três décadas, com passagem pela Bandeirantes e, ao lado de Xuxa, pela TV espanhola.

Os anos 1970 foram a época do pássaro Garibaldo na *Vila Sésamo*; e os anos 1980, do macaco Loyola no programa *Globinho*. A atração — uma das únicas a não sofrer censura prévia do regime militar — se propunha a ser um *Repórter Esso* para crianças. Era apresentado pela jornalista Paula Saldanha, que falava em tom sóbrio enquanto o macaco, sentado sobre uma bancada, salpicava o noticiário com tiradas cômicas. Na década de 1990, a dinâmica foi repetida no SBT pela dupla Ratinho e Xaropinho.

Animal nenhum, no entanto, alçou voo tão alto quanto o Louro José. O papagaio é vendido em forma de boneco, caneca, disco, livro de piada, capa de iPhone. Versátil, já apareceu no programa usando terno, uniforme de cozinheiro, camisa e gorro do Corinthians (o time é sua grande paixão; chegou a ir ao Pacaembu para ver a equipe jogar). Fantasiou-se de Lampião, Roberto Carlos, Chacrinha, Galvão Bueno e Elvis Presley. Passou um programa inteiro de peruca e brilhantina em homenagem a Michael Jackson. Vestiu-se de clérigo para marcar a escolha do papa. Viajou para Roma, Paris, Aruba e Miami. Participou dos programas de Angélica, Fátima Bernardes, Regina Casé e do *Big Brother*.

Fez teste de DNA e teve o timbre vocal avaliado. Surfou, embebedou-se, ganhou massagem. Voou de helicóptero, asa-delta e em avião da Esquadrilha da Fumaça. Foi beijado por Taís Araújo, Bruna Marquezine, Juliana Alves, Valesca Popozuda e pelas dançarinas do Faustão. Engraçou-se com dezenas de mulheres mais.

Teve ciúmes quando Ana Maria Braga elogiou uma cacatua de verdade ("Que que tem o bicho ficar fazendo 'ah, ah, ah'?"). Protagonizou tiradas brilhantes, como no dia em que criticou o próprio Tom Veiga por comer demais: "Rapaz, tu tá imenso. Como é que você entra aí atrás? Qualquer dia a gente não trabalha mais". Com o passar do tempo, deixou de ser uma escada para tornar-se personagem indissociável de Ana Maria Braga.

Em setembro de 1997, seis meses depois da criação do boneco, teve início um imbróglio judicial. A Rede Record tentou registrar a marca Louro José no Instituto Nacional de Propriedade Industrial, o INPI. O pedido foi negado, em função de um documento preexistente, em nome de Ambar Agência de Eventos e Produtora Ltda. — a empresa de Ana Maria Braga. Antevendo um futuro glorioso à cria, Ana Maria tratara de atrelar oficialmente seu nome ao do papagaio, especificando que a ave poderia ser usada em "comercial, desenho animado, teatro, sorteio, bingo, loteria, desfile, brinquedo, baralho, bola de gude, mamadeira, chocalho, peteca, livro, caderno e cartucho para video game", entre várias outras funções. A Record, mesmo servindo de palco para as peripécias do boneco, foi obrigada a aceitar a completa ingerência comercial sobre ele.

Naquele mesmo ano, a marca Louro José enfrentou outro empecilho administrativo, impetrado pela Disney. O documento dizia: "A oponente, que é legítima titular do mundialmente notório desenho artístico denominado *Zé Carioca* [...], criação do imortal Walter E. Disney, não pode concordar que terceiros obtenham registro de desenho que IMITE (ainda que de forma malcuidada) sua obra intelectual [...]". Mais uma vez, a disputa foi vencida por Ana Maria Braga.

Em janeiro de 1998, um novo capítulo se inicia. Os artistas Antonio Marcos Costa de Lima e Renato Aparecido Gomes, da Display Set, empresa contratada por Madrulha para fazer o boneco, tentaram registrar três croquis do papagaio na Escola de Belas Artes da Universidade Federal do Rio de Janeiro, responsável por zelar pelo direito autoral de qualquer objeto criado no Brasil. O pedido foi negado, também em função de um registro anterior, em nome de Madrulha.

Em entrevista ao *Bom Dia Mulher*, da Rede TV, em 2005, os artistas da Display Set contaram como reagiram ao saber da notícia. "Quando vimos que [o boneco] havia sido registrado, deu um desânimo na gente", disse Gomes. "Nós já havíamos criado vários personagens para a TV Cultura. Na maioria dos casos, íamos ao departamento jurídico da emissora e cedíamos os direitos autorais. Isso é negociado. Fizemos o Xique-Xique e o Nheco-Nheco para o Raul Gil. Tudo conversado. Mas, no caso do Louro, não teve isso." No tocante ao dinheiro, ele disse ter recebido "só o valor da matéria-prima para fazer o boneco".

O advogado Marcio Carvalho da Silva representou a Display Set na ação pelos direitos autorais. Ele disse que os clientes relutaram em abrir o processo: "Não são pessoas de posse. Se perdessem, teriam de pagar os custos das duas partes".

Em fevereiro de 2004, a ação foi impetrada na 6ª Vara Cível de Santo Amaro, em São Paulo. Por telefone, Carlos Madrulha me disse que "é como se o arquiteto que projetou um prédio fosse processado pelo pedreiro que o construiu". O juiz Décio Luiz Rodrigues, encarregado do caso, deu ganho de causa à Display Set.

O advogado Sérgio Fama D'Antino, que representa Carlos Madrulha e Ana Maria Braga, reclamou que o caso foi julgado sem que seus clientes fossem convocados. A Globo não se manifestou. Em maio de 2015, o caso foi julgado em segunda instância, com ganho de causa para Carlos Madrulha.

* * *

Via de regra, Ana Maria Braga e Tom Veiga gravam a programação da semana às segundas e terças-feiras, nos estúdios da Globo no Rio. Veiga fica atrás de uma bancada com piso rebaixado. Veste o papagaio no braço direito e usa o esquerdo para controlar as pálpebras do animal. Tem um pequeno monitor à vista, de onde acompanha sua atuação. Um segundo Louro José fica de plantão nas coxias, caso o oficial estrague (cada boneco dura em média três meses; na última década, a Globo já sepultou mais de trinta Louros Josés). Os novos papagaios são confeccionados pela própria emissora.

Em viagens, um Louro José vai no bagageiro. O outro segue na cabine, confortável, em companhia da equipe. De noite, os dois dormem no quarto com Veiga, que jamais foi substituído no manejo da ave.

Ana Maria e Veiga chegaram à emissora carioca no final de 1999. Na vinheta que anunciava o *Mais Você*, Louro José bradava, com um crachá pendurado no pescoço: "Mãe, olha eu aqui na Globo!". Amparado pela estrutura da nova casa, a carreira do papagaio, a partir de então, sofreria uma ascensão meteórica.

O sucesso fez com que a apresentadora tomasse cuidado especial com a cria. Qualquer contrato referente à ave é negociado diretamente com ela. Tom Veiga não pode ser fotografado ou entrevistado. A Globo não revela seu salário. Carlos Madrulha, que foi empresário de Tom e Ana até 2007, diz que, naquela época, Veiga ganhava cerca de 10 mil reais mensais, fora participação na venda de produtos. "Não é o que se imagina. O Louro José não é nenhum Tio Patinhas."

Quando estreou na televisão, o papagaio ocupava meros vinte minutos das quatro horas diárias do *Note e Anote*. A produtora do extinto programa, Ulda Mandú, diz que logo as pessoas passaram a querer saber "mais do bichinho do que da Ana". Para Marlon Rodrigues, que coproduziu a atração da Record e hoje é diretor comercial da rádio Metropolitana de São Paulo, a fama do boneco se deve ao talento de Veiga: "O cara soube inventar um personagem que tem charme. O Louro é palhaço, galã, paquera a mulherada. O Ratinho foi líder de audiência várias vezes, e ninguém mais fala do Xaropinho".

Ana Maria Braga acha que o programa existiria com ou sem o personagem. "Mas talvez não atingisse as crianças. O Louro dá uma leveza", acredita. Ela diz que tanto o papagaio quanto Veiga são companheiros fundamentais em sua vida: "Chego a sonhar com o Louro. Para mim, ele existe".

O internauta

Felis catus

À primeira vista, a vida de Borges, um gato branco de dois anos, é trivial. Borges dorme dezesseis horas por dia, come ração para gatos castrados e vive num apartamento em Jacarepaguá, de onde vê o mundo pela rede que o impede de cair da janela. Borges come, dorme, acorda, ronrona; come, dorme, acorda, ronrona.

Mas Borges é também um gato público, com 27 mil seguidores no Facebook. Tem um site, onde "escreve" contos e dá dicas sentimentais. Seu dono, Vinícius Antunes, coordenador de uma escola particular, diz gastar de duas a três horas por dia atualizando as informações do gato na internet.

"Quanto mais autoral o site ficou, mais seguidores ganhou. Esta semana criaram um fã-clube do Borges em São Paulo. Mas não tenho objetivo de ficar rico. É uma distração", diz Antunes.

Distração que, nos Estados Unidos, levou o cinegrafista Will Braden, de 33 anos — dono do gato Henri —, a abandonar a antiga vida como cinegrafista de casamentos; ou o publicitário Mick Szydlowski, de 38 anos — proprietário de Oskar —, a deixar a gerência de marketing numa marca de energéticos. Hoje, ambos viraram agentes, promotores e empresários de seus gatos.

Gatos são esculpidos e pintados às centenas desde o período do Egito antigo. Gatos são filmados e postados aos milhares desde o advento do YouTube. Mas gatos foram alçados ao status de ícones da cultura pop desde que Maru, um felino japonês da raça scottish fold, amealhou 210 milhões de visualizações ao se deixar filmar entrando e saindo de caixas.

Dona da gata Tardar Sauce — ou, para os fãs, Grumpy Cat —, Tabatha Bundsen era garçonete num restaurante do Arizona. Mas, com ajuda do irmão, que se tornou empresário do animal, criou uma coleção de camisetas, canecas, calendários e dezenas de outros cacarecos que vende na internet e em supermercados como o Walmart.

Grumpy Cat tornou-se famosa em setembro de 2012, quando uma foto de sua cara sisuda foi postada no site Reddit e replicada à exaustão. Fruto de um problema genético, o olhar entediado logo despertou suspeitas de montagem. Tabatha então publicou um vídeo provando o contrário: em 48 horas, foi visto 1 milhão de vezes. Sua página no Facebook é seguida por 900 mil pessoas. O gato rodou os Estados Unidos, visitou pacientes com câncer, apareceu em programas de auditório, teve a vida descrita no *New York Times*.

Cego dos dois olhos, o gatinho Oskar não é tão popular. Ainda assim, rendeu ao seu dono, o norte-americano Mick Szydlowski, um prêmio de 15 mil dólares pelo vídeo em que aparece brincando com uma bolinha de tênis. "Foi no Friskies Contest", explica Mick. "É uma miniversão do Oscar para gatos."

Oskar foi alçado ao estrelato em outubro de 2011, quando um vídeo em que aparece brincando com um secador de cabelo foi postado no YouTube. "Ele tinha o hábito de brincar com o secador da minha mulher. Coloquei no ar para minha família assistir. Quando percebi, o vídeo já tinha 50 mil visualizações. De um momento para o outro, o Oskar ficou popular", diz o dono.

Um ano depois, Mick se valeu do prestígio conquistado pelo animal para lançar um site e sair do antigo trabalho. Vende coleiras, bolsas, ímãs e outros produtos com a cara do felino. Espera ganhar 250 mil dólares em vendas. "O Oskar não tem ideia de nada que aconteceu. A única coisa que mudou é que agora ele recebe mais visitas. Neste mês, estamos esperando pessoas da Austrália e da Suécia que querem conhecê-lo. E ele também ganhou um novo arranhador", diz.

O engenheiro musical norte-americano Mike Bridavsky, de 33 anos, tatuou sua gata Lil Bub no braço e na barriga. Pudera: ele sanou seis meses de aluguel atrasado com dinheiro ganho às custas do animal. Portadora de uma osteoporose que lhe atrofiou os ossos e deixou seu queixo à Noel Rosa, Lil Bub seguiu o clássico roteiro felino rumo ao estrelato. Seu dono postou sua foto no Tumblr, a imagem foi compartilhada, os fãs pipocaram aos milhares, Bub ganhou página no Facebook e no Twitter, site, filme, livro; o resto é história.

Em abril de 2013, o média-metragem *Lil Bub & Friendz* [Lil Bub & Amigoz], produzido pela revista *Vice*, levou o prêmio de Melhor Filme On-line do Festival de Tribeca. Mike, que detém os direitos sobre a marca Lil Bub, foi coprodutor. Ele diz já ter doado 15 mil dólares para abrigos de felinos. "Nesta semana estou dedicando 90% do meu tempo a ela e 10% ao estúdio", conta. "Tornou-se uma forma de empregar meus amigos. Pago minha vida com esse trabalho."

Diz que, de início, estranhou a situação: "Achei tudo muito louco. Mas as mensagens que recebi eram inspiradoras, eu estava de fato ajudando as pessoas. Um sujeito de quarenta anos me escreveu dizendo que tinha perdido o emprego, que seu cavalo havia morrido e que tinha sido abandonado pela mulher. Mas que, por sorte, havia topado com a página da Lil Bub. É louco, mas é isso que ela faz pelos outros. Ela passa a mensagem de que ser diferente é bom".

É o oposto da mensagem passada pelo felino Henri. Filmado por seu dono, o cinegrafista norte-americano Will Braden, de 33 anos, Henri protagoniza dezoito vídeos melancólicos em preto e branco, todos no YouTube. *Falando* em francês, o gato levanta indagações niilistas sobre a vida: "As quinze horas que durmo não surtem efeito. Acordo para o mesmo tédio, esquecido no chão", diz, num vídeo assistido 7 milhões de vezes.

O primeiro vídeo foi feito por Will em 2006, para um curso de cinema. "Eu precisava perfilar alguém. Pensei que se fizesse algo engraçado, em francês, não perceberiam os defeitos. Fui inspirado pela Nouvelle Vague e pelo humor do Calvin e do Haroldo."

Em 2012 resolveu retomar a ideia. Uma marca de ração patrocinou quatro novos vídeos. Will roteiriza, filma, compõe e dubla o animal. Naquele mesmo ano, Henri venceu o festival de vídeos de gato do Walker Art Centre, de Minneapolis. Para Scott Stullen, curador da mostra, os vídeos de felinos representam uma forma de arte. "O gato é indiferente à câmera. É fácil projetar sentimentos humanos nele", aponta. "Cães saem à rua. Gatos ficam a maior parte do tempo em casa. A calçada deles virou a internet."

DO OFÍCIO

O garanhão

Bos indicus

Ao meio-dia de 18 de fevereiro de 2009, numa fazenda a duas horas de São José do Rio Preto, estado de São Paulo, falecia um touro. Seu nome era Fajardo — Fajardo da GB, para ser preciso. Tinha dezesseis anos recém-completados. Dali a minutos, a notícia correria o país.

"Eu estava na estrada, dirigindo, quando tocou o telefone", contou Ricardo Abreu, gerente da central de inseminação onde o touro passara os últimos onze anos. A ligação vinha de Helder Galera, dono do animal, que anunciava com voz combalida: "Foi infarto. A família aqui está muito abalada".

Entristecido, Abreu incumbiu-se de avisar a veterinária Lúcia Helena Rodrigues, sua companheira de trabalho, responsável pela saúde do touro desde que ele chegara à central. Ela estava em reunião, prontamente interrompida para que pudesse atender o chamado. Ao saber do ocorrido, suspirou: "Pelo menos foi rápido. Meu medo era que ele precisasse ser sacrificado por causa da artrose". Lúcia desligou o telefone com a certeza de que a bovinocultura, tal como existira até então, jamais seria a mesma. O futebol sem Pelé, as corridas sem Senna, o boxe sem Jofre, o tênis sem Guga, o basquete sem Oscar. A pecuária sem Fajardo.

Fajardo nasceu em 29 de novembro de 1992, de parto normal, no pequeno município de Jales, quase divisa entre São Paulo e Mato Grosso do Sul. Fruto da união entre a vaca Bailarina e o touro Idílio, passou a infância no rebanho do pequeno criador Inoel Ramos da Silva, já falecido. Aos quinze meses, foi escolhido para participar da 25ª Facip — a Feira Agrícola, Comercial, Industrial e Pecuária de Jales. Por ser ainda um touro iniciante, sem privilégios, calhou de dividir o mesmo galpão com bovinos da fazenda Eldorado, de Helder Galera, à época um jovem pecuarista de trinta anos. Sem que soubesse, fora posto nos domínios do seu futuro dono.

Três dias antes da exposição que elegeria o melhor novilho, Galera resolveu vistoriar os espécimes que trouxera para a feira. Foi quando bateu o olho em Fajardo, um bovino sem expressão marcante, ainda distante dos mil quilos. Levado apenas pela intuição, Galera pediu ao tratador que levantasse o animal, para que pudesse analisar sua anca, sua musculatura e o diâmetro do seu saco escrotal — pré-requisitos básicos em um touro de qualidade. Gostou do que viu e soube que o animal estava à venda. Só faltava juntar o dinheiro: 10 mil dólares.

"Naquela época, o Helder ainda não tinha um rebanho importante. Precisava de um bom touro para emprenhar as vacas da fazenda", contou o cunhado dele, Ricardo Demétrio, na fazenda Eldorado (por razões de saúde, Helder Galera não pôde colaborar com a reportagem). "Aí ele foi direto pro pai, pedindo autorização para comprar aquele animal", completou. O pai autorizou. Galera vendeu algumas vacas da família para dar fundos ao cheque que estava prestes a assinar. No meio da articulação, foi surpreendido por uma notícia: Fajardo sagrara-se campeão da feira de Jales.

"Ninguém imaginava que isso fosse acontecer. O Fajardo já tinha sido premiado numa outra exposição, mas coisa pequena", lembrou Demétrio. A faixa caía feito uma bomba no projeto de Galera. "De repente, fazendeiro que nunca tinha visto o Fajardo estava oferecendo três vezes mais do que o Helder." Aflito, ele procurou Inoel Ramos da Silva, que ainda detinha os direitos sobre o animal, na esperança de que palavra dada era palavra empenhada. Ao ouvir que o trato continuava de pé, prometeu: "Seu Inoel, se esse bicho virar um grande campeão, eu volto aqui para doar as primeiras doses de sêmen ao senhor". No ano seguinte, com o touro já condecorado pela Associação de Criadores de Nelore do Brasil com o galardão de Melhor Macho Jovem, Galera cumpriu a palavra: reencontrou Inoel trazendo, em mãos, o sêmen prometido.

Dali a nove meses, período de uma gestação bovina, nasceriam os filhos de Fajardo — os primeiros de outros 275 mil que o touro teria em vida.

Fajardo era da raça mais populosa do Brasil, a nelore, perfazendo dois terços dos 195 milhões de bois em atividade no país. A história da linhagem remonta a 1878, quando Manoel Lemgruber, um industrial em viagem à Alemanha, se interessou por quatro bovinos expostos no zoológico de Hamburgo. Ao saber que eram originários da Índia, Lemgruber intuiu que, em razão da semelhança climática entre os dois países, os animais talvez pudessem se adaptar ao Brasil. Resolveu trazê-los.

Até então, a pecuária nacional caminhava a passos lentos. A maior parte dos bois datava da colonização portuguesa e era uma mistura de animais africanos e europeus. "Como ainda nem existia vermífugo ou antibiótico, eles pegavam todo tipo de doença", diz o fazendeiro Paulo Lemgruber, sobrinho-neto do pioneiro Manoel. "Não sobreviviam por mais de um ano."

Chegando ao Brasil, Manoel Lemgruber levou os quatro animais — Hanomet, Piron, Gouconda e Victoria — para uma fazenda próxima a Petrópolis, onde começou a mesclá-los com o gado que lá havia. "Cento e trinta anos atrás, cruzava-se tudo com tudo. Não tinha isso de raça definida", conta Paulo. Com o tempo, o rebanho foi se "anelorando".

No final da década de 1930, os governos da Bahia, Espírito Santo, Alagoas e Pará começaram a comprar os touros anelorados para distribuí-los pelas fazendas, no intuito de fecundar o maior número possível de vacas. Resultou disso um rebanho mais resistente — o nelore é, por excelência, um animal rústico, de fácil adaptação a adversidades de terreno e clima. A resistência, porém, era conseguida graças à miscigenação, e como a pecuária vive de raças puras, o nelore corria o risco de desaparecer no cadinho de sangues plebeus. Melhor era ter gado mais aristocrático, como o gir e o guzerá. "O que salvou a nossa linhagem foi a importação de 1962", contou Paulo.

Em 1960, diante do crescimento desordenado de touros anelorados, chegou-se à conclusão de que era necessário depurar a raça. Um grupo de pecuaristas embarcou rumo à Índia no intuito de prospectar novas matrizes que azulassem o sangue nacional. Levaram 21 meses de pesquisas em cidades grandes e vilarejos para selecionar 240 cabeças de gado. Na viagem de volta, a bordo do navio *Cora*, estava o touro Karvadi, tetracampeão indiano e campeão asiático da raça.

"O Karvadi era tão conhecido que, na época, toda repartição pública da Índia tinha uma foto dele e outra do primeiro-ministro", contou — repetindo o que talvez seja uma lenda urbana — Marco Aurélio Colete, representante de vendas da Central VR, onde o touro indiano viveu após chegar ao Brasil. Somado à beleza e à fertilidade, Karvadi foi o bovino certo no lugar certo. Em 1968, seu proprietário, Torres Homem Rodrigues da Cunha, inaugurou uma das primeiras centrais de inseminação artificial do Brasil. Enquanto a maioria dos touros continuava fecundando in natura, Karvadi entrou para o modelo fordista. Em pouco tempo, o sêmen do touro era vendido em todo o Brasil — e a linhagem nelore tomava a dianteira das outras. A raça, segundo Colete, se divide entre "antes e depois do Karvadi. Noventa por cento do rebanho de hoje tem sangue dele". Fajardo era seu tataraneto.

De acordo com uma instrução normativa do Ministério da Agricultura, Pecuária e Abastecimento, touros em coleta de sêmen são obrigados a viver em centrais. A Associação Brasileira de Inseminação Artificial tem, hoje, dezesseis delas na sua lista de associados, nas quais se abrigam cerca de seiscentos touros.

No dia 18 de março de 1998, Fajardo pisou pela primeira vez na central de inseminação CRV Lagoa, a meia hora de Ribeirão Preto, onde passaria os onze anos seguintes. A chegada mereceu divulgação entusiástica em quatro revistas do ramo. "Um troféu para a Lagoa da Serra e para a pecuária brasileira", dizia o anúncio publicado pela central de inseminação. A imagem mostrava o touro folheado a ouro. O texto continuava: "Colocamos à sua disposição Fajardo da GB, um consagrado tricampeão de vendas de sêmen, com 130 mil doses comercializadas, mais de 37 mil só em 1997".

À época, com cinco anos de idade e 1162 quilos, Fajardo já era um touro de renome. Em 1994, sagrara-se grande campeão da Expoinel de Uberaba, uma das principais feiras pecuárias do país. Em 1997, em razão da qualidade de seus filhos, conquistara o título de Melhor Reprodutor Nelore pelo ranking da Associação dos Criadores de Nelore do Brasil. "O Fajardo foi a primeira contratação de peso que fizemos quando a Holland [grupo internacional de aprimoramento genético] se juntou a nós no Brasil", diz Ricardo Abreu, gerente de produto corte zebu da CRV Lagoa.

Se comparado ao mundo do futebol, um touro equivale a um jogador; uma central de inseminação, a um time; e o pecuarista, ao proprietário do passe. Quase sempre, o contrato entre um touro e uma central tem a duração de dois anos, podendo ser renovado indefinidamente. Quando o touro está em início de carreira, o proprietário recebe 20% do valor do sêmen negociado. À medida que o animal ganha notoriedade — e a disputa por ele aumenta —, cresce o poder de barganha de quem detém seus direitos. Reprodutores consagrados rendem aos seus proprietários até 50% da receita que geram.

Antes de ser contratado pela Lagoa, Fajardo passou dois anos produzindo sêmen na central ABS Pecplan, em Uberaba. "No dia em que ele ganhou a Expoinel, recebemos uma chuva de convites. Ele foi direto da exposição para o trabalho", contou Ricardo Demétrio. Lá, sob os cuidados do veterinário Fernando Vilela Vieira, Fajardo ganhou a maior parte dos seus prêmios: "Foi aqui que ele chegou a mil quilos. Foi aqui que ele foi eleito o melhor reprodutor. Foi aqui que ele foi projetado no mercado. E por causa de pouca coisa, o proprietário o levou para outra central. É muita ganância", lamentou Vieira, por telefone. Taxativo, negou-se a descrever o período em que Fajardo viveu na sua central: "Tenho animais muito superiores. O mundo caminha. Não falo sobre touro da concorrência".

Ao chegar à CRV Lagoa, Fajardo entrou em quarentena de dois meses, para identificar possíveis infecções. Atestada a sua saúde ocupacional, foi encaminhado ao piquete E3, um dos mais espaçosos, com quatrocentos metros quadrados. Como vizinhos, tinha os touros Enlevo (segundo Ricardo Abreu, "o animal mais bonito daqui"), Xangô ("touro jovem, que está virando uma marca") e Ranchi (cuja "cota" de 50% — ou seja, metade de cada pata, chifre e gota de sêmen — foi vendida em 2008 por 1 milhão de reais). "O Fajardão ficava na Oscar Freire da Lagoa", relembra.

O piquete, individual e protegido por cerca elétrica, era parcialmente coberto para abrigá-lo da chuva. Fajardo tinha a seu dispor um belo gramado — "para o bicho lembrar que é um ruminante" —, seis aspersores — "para jogar água em dias de calor" — e um cocho, no qual se alimentava. A dieta era composta de trinta quilos diários de feno, silagem de milho, ração proteica e suplemento mineral com abóbora. Segundo Abreu, Fajardo possuía uma apólice de seguro no valor de 300 mil reais: "Mas era apenas pro forma", apontou. "O verdadeiro seguro desses animais é o sêmen."

* * *

Sêmen, como vinho, tende a encarecer à medida que o touro envelhece. Há duas razões. A primeira, de ordem biológica: quando a idade do animal avança, a produção de esperma diminui — a redução da oferta encarece o produto. A segunda, de ordem especulativa: quanto mais idoso, maior a chance de o bovino ter filhos e netos premiados. Cada medalha que a prole recebe reverte em voto de confiança no patriarca. Em 2008, Fajardo foi considerado o quinto melhor reprodutor da raça. Poderia ter passado o ano sem fazer outra coisa senão pastar, pois o esforço não foi dele, mas de suas laureadas netas Brazlandia, Espanhola e Mary. O grande campeão de 2008 foi o touro Bitello da ss, com 160 filhos premiados. Ele está morto desde 2005.

Qual Quincas Berro d'Água, grandes reprodutores morrem e morrem. O primeiro óbito é real — e entristece familiares e funcionários que conheciam o animal. O segundo óbito, que ocorre quando o estoque de esperma acaba, é mercadológico — e entristece fazendeiros que sonhavam em ver suas vacas fecundadas por um campeão. Até desaparecer para sempre, um touro pode resistir por décadas no limbo genético, desde que seu esperma seja congelado em nitrogênio líquido, a −196°C. Da safra póstuma, o do tetracampeão indiano Karvadi continua a amealhar os preços mais altos. Uma dose — raríssima — do seu sêmen chega a 30 mil reais. Até a morte de Fajardo, um concentrado do seu esperma era vendido a 350 reais (cada dose pode gerar um bezerro).

No livre mercado bovinocultor, a dose de esperma equivale à ação. Se o sêmen de um determinado touro é vendido a granel, o resultado, a longo prazo, é a desvalorização do produto. O leiloeiro João Gabriel explica: "O Ludy de Garça deixou uma dinastia muito grande. Hoje, por risco de consanguinidade, poucas fêmeas podem utilizar o sêmen dele". Assim que Fajardo morreu, a CRV Lagoa retirou o seu esperma do mercado. Em parte, para evitar a circulação excessiva do sêmen, mas também para gerar um sentimento de escassez. Gabriel acredita que o preço irá disparar: "Isso aqui é que nem mercado de arte. Quadro bom valoriza ainda mais depois que o artista morre".

O universo bovino se divide em dois grupos: pista e produção. Fajardo pertencia ao primeiro deles, sem dúvida o mais aristocrático. Touro de pista é aquele em que o proprietário investe maciçamente, na esperança de transformá-lo num campeão de beleza que, posteriormente, lhe garantirá bons lucros com a venda de sêmen. Somando ração, hormônios, viagens e maquiagem nos dias de competição (tosar o pelo, lixar os cascos, engraxar os chifres e passar purpurina no corpo), um animal de pista chega a custar 750 reais por mês (um boi sem privilégios não gasta mais de sessenta reais). Em contrapartida a tanto luxo, um touro de pista tem a obrigação de perpetuar sua herança genética junto às futuras gerações — o que lhe vale a alcunha de "melhorador" ou, para ser mais preciso, "melhorador e geneticamente prepotente". Ricardo Abreu explica que nem todo campeão se transforma necessariamente num melhorador: "Tem bicho egoísta, que guarda todas as qualidades pra si mesmo". Quando descobre um farsante, Abreu o devolve à fazenda do dono: "Lá, ele vira carne. Carne moída, enlatada. Nem para pasto serve", diz, indiferente.

Do outro lado da escala social bovina está o animal de produção, um pobre coitado que já nasce com destino certo: o abate, perto dos três anos. A esse animal — castrado e dócil — se dá o nome de boi. Quando um touro está em começo de carreira e seu sêmen ainda é vendido a preços módicos, a maior parte dos seus filhos inevitavelmente vira boi. Vez por outra, algum criador mais abastado resolve fazer uma aposta: do seu plantel, pinça um boizinho pomposo — e ainda sexualmente ativo — na esperança de que, cinco anos mais tarde, o garrote se torne um touro espermático. Assim nascem as estrelas.

A partir do momento em que um touro consolida sua reputação — como no caso de Fajardo —, seu sêmen passa a ser comprado apenas por quem planeja usá-lo para criar um novo campeão. Mas como a apoteose tarda, Abreu acredita que pelo menos 70% dos descendentes de Fajardo — aqueles que tiveram a infelicidade de nascer antes de o pai chegar ao estrelato — terminaram num espeto de churrascaria. Em 2008, a pecuária de corte movimentou 5,3 bilhões de dólares em vendas para o exterior. O Brasil é o maior exportador de carne bovina no mundo.

Instalado na CRV Lagoa, Fajardo deu início à rotina que seguiria pelo resto da vida. Duas vezes por semana — terça e sexta-feira —, era despertado às seis da manhã pelo tratador Luís Eduardo Miguel. Ainda sonolento, o touro era banhado com água e xampu neutro da marca Ouro Fino. Recebia também uma lavagem prepucial, para evitar impurezas no esperma. Em seguida, Miguel o conduzia pelo cabresto até um piquete circular, onde Fajardo era aguardado por duas vacas que se revezavam para excitá-lo. Enquanto uma das fêmeas descansava, deitada sob a copa de uma árvore, a outra era obrigada a se colocar de costas para ele, oferecendo-lhe as partes íntimas. Ao contrário do bovino médio, que se entrelaça apenas com vacas no cio, Fajardo era capaz de se estimular em condições assim tão adversas. "Touro de central é condicionado a isso", explica Ricardo Abreu.

A primeira fase da excitação passava pelo tato e olfato. Quando o tratador percebia que Fajardo já estava em ponto de bala, encaminhava-o à área de coleta, onde o touro aguardava sua vez enquanto assistia a seus colegas copularem — era a segunda fase, a da excitação visual. Escolhia-se então uma vaca qualquer para lhe servir de fêmea. O touro montava nela e, no momento de penetrá-la, era interceptado pela vagina artificial — um cano de PVC lubrificado, revestido por uma bolsa de água a 45°C, em cuja extremidade oposta se inseria um tubo de ensaio. O orgasmo, sem coito, era instantâneo. Ricardo Abreu acredita que, na sua longa trajetória, "Fajardo dificilmente fecundou uma vaca". Pelo menos não segundo os códigos do mundo natural. Nesse sentido, apesar das centenas de milhares de filhos, o reprodutor morreu virgem.

Depois do clímax e de um pequeno descanso, reiniciava-se a bateria de excitação para a segunda coleta. Ao meio-dia, após seis horas de trabalho, o touro finalmente voltava ao seu piquete. "Isso aqui é uma indústria. O animal tem que produzir", esclarece Abreu. O resultado da labuta — dois tubos de ensaio — era encaminhado ao laboratório genético da própria central, comandado pela veterinária Lúcia Helena Rodrigues.

"O Fajardo sempre foi de altíssima qualidade no ejaculado. Quando eu olhava para o sêmen dele pelo microscópio, pensava: 'Este é dez!'", conta a veterinária, na sua sala decorada com um retrato do touro Gim de Garça, falecido em 1995 (com 247 mil doses comercializadas, Gim foi a maior estrela da CRV Lagoa até a chegada de Fajardo). De acordo com Lúcia Helena, Fajardo era um touro "garboso, com estilo — não chegava a ser agressivo, mas também não gostava que mexessem na cabeça dele". Lembrou que o bovino se mostrava competente em exposições: "Quando entrava na pista, sabia exatamente o que fazer. Tinha consciência de que era um animal importante".

Na flor da idade, cada tubo de ensaio preenchido por Fajardo continha até quinhentas doses de sêmen, vendidas a 350 reais a unidade — preço fixado desde 2005. Multiplicando, uma única ejaculação podia valer 175 mil reais.

* * *

Quando chegou à CRV Lagoa, em 1998, Fajardo vendia seu sêmen a vinte reais. Os quatro anos seguintes foram de árduo trabalho e lhe valeram o prêmio Palheta de Ouro, concedido aos touros que atingem a produção de 250 mil doses. "Foi um grande orgulho, como ver um filho ou um sobrinho sendo condecorado", relembra Lúcia Helena. O prestígio, no entanto, pouco contribuiu para o benefício dos dividendos: a dose passara a custar 28 reais, aumento discreto em termos pecuários. O pulo do gato, por assim dizer, ocorreu em 2003. O sêmen, que começara o ano sendo comercializado a trinta reais, já valia quase o dobro em dezembro. Em 2004, o crescimento foi exponencial: pulou de cinquenta para 140 reais. As crias de Fajardo haviam provado que o pai era um reprodutor estupendo.

Em agosto de 2005, a dose de Fajardo atingiu o piso atual: 350 reais. Em pouco mais de dois anos, o esperma tivera um aumento de quase 1200%. A pecuária nacional vivia seu primeiro boom. "O ano de 2003 foi a época áurea do nelore", disse Ricardo Abreu. João Gilberto Bento, da Associação Brasileira dos Criadores de Zebu, concorda: "Foi o início da migração de empresários, artistas e industriais para esse ramo. Marcou o começo da revolução na reprodução".

Até a década de 1970, a manipulação genética na pecuária se resumia ao universo masculino. Como a gestação bovina leva o mesmo tempo que uma gestação humana — e como a vida fértil do animal declina depois dos doze anos —, as boas vacas podiam ter, no máximo, dez filhos. A partir dos anos 1980, iniciou-se a transferência de embriões. Através de hormônios, estimulava-se a ovulação das vacas. Dois meses após a fecundação, os embriões eram extraídos e depositados em outros animais, as chamadas "vacas de aluguel". O final dos anos 1990 viu a transferência dar lugar à fertilização in vitro. Óvulos e espermatozoides passaram a se encontrar apenas em laboratórios, com altas taxas de sucesso. "Uma vaca pulou de dez filhos para cem", resume João Gilberto Bento. Os preços dispararam.

Até a chegada maciça da fertilização in vitro, os grandes rebanhos pertenciam a famílias tradicionalmente ligadas ao campo, que já haviam dedicado mais de cinquenta anos aprimorando a espécie. "Ninguém entrava no negócio, pois era necessário levar esse tempo todo até ser reconhecido pelo mercado", diz Bento. Depois, vacas e touros de alta estirpe — ou, mais especificamente, óvulos e sêmens da mais alta estirpe — se tornaram acessíveis a qualquer um disposto a investir. "Em três ou quatro anos, dependendo do investimento, o sujeito se tornava um grande criador", conclui.

Em 2004, João Carlos Di Genio, dono da rede Objetivo e da Universidade Paulista, resolveu entrar de cabeça no mercado rural, pagando 2,24 milhões de reais por 50% da vaca Recordação, que passou a pertencer a ele e ao empresário Jonas Barcellos, ex-dono da rede Brasif. Foi a transação mais cara da história da pecuária nacional. Em 2008, foi a vez de Barcellos e Di Genio abrirem mão — em parte — de outro animal que tinham em conjunto. Por 1,5 milhão de reais, venderam um terço da vaca Elegance II a Amilcare Dallevo, dono da RedeTV!.

Em novembro de 2007, Fajardo completou seu 15º ano de existência — idade excepcional para touros, que vivem em média treze anos. A comemoração, transmitida pelo Canal do Boi, contou com a presença de vinte funcionários da CRV Lagoa, que, sentados numa pequena arquibancada, cantaram parabéns enquanto o aniversariante se regalava com um bolo de feno. "Fajardo!", "Valeu, Fajardo!", "Viva", gritaram alguns mais exaltados.

Animada, a veterinária Lúcia Helena Rodrigues homenageou os donos do animal: "À família Galera, parabéns por esse filho maravilhoso, que também é nosso filho". Em seguida, enfatizou que, mesmo em idade avançada, "ele ainda vem duas vezes por semana à área de coleta, mantendo a rotina de sempre".

Pouco tempo depois, Fajardo começaria a definhar. Embora continuasse produzindo sêmen, já não conseguia escorar-se sobre as vacas. Para combater a artrose, tomava um complemento diário de condroitina, um suplemento alimentar que fortalece as articulações. Passou a fazer exames frequentes de sangue, sêmen e tuberculose. Vez por outra, recebia a visita de um técnico em raios X, que lhe radiografava as juntas. Os dentes começaram a cair.

Em 2008, Fajardo perdeu seu maior trunfo: a qualidade do sêmen. "Ele não conseguia mais atingir o padrão mínimo de espermatozoides viáveis, mas, como a saúde fisiológica depende da rotina, não mudamos o dia a dia dele. Do contrário, me sentiria como aquelas pessoas que abandonam o velho na cadeira, esperando que ele morra", contou Lúcia Helena. Fajardo se aposentava com mais um galardão. Chegara ao teto da sua capacidade espermática: 480 mil doses, recorde nacional.

Em janeiro de 2009, Helder Galera telefonou para a veterinária avisando que pretendia levar Fajardo de volta à fazenda. Durante os onze anos em que o touro viveu na central, isso acontecera apenas uma vez, em 2001, em razão de um leilão organizado pela família Galera. "Da primeira vez que o Helder o levou, eu fiquei uma fera, porque sabia que o bicho ficaria muito estressado. Mas da segunda, não. Entendi. Ele ia lá para ficar com a mãe." (Galera é dono da vaca Bailarina, de 21 anos, que deu à luz Fajardo. Foi comprada anos depois do filho, na esperança de gerar outros touros de igual talento, experiência que se provou infrutífera.)

No dia 12 de fevereiro, uma quinta-feira nublada, um pequeno caminhão da família Galera, com caçamba de madeira e teto de lona, estacionou na central de inseminação. Dentro, havia uma cama de feno e capim, para que o passageiro pudesse viajar com conforto. Fajardo foi retirado de seu piquete e levado, vagarosamente, em direção ao veículo. Passou em frente ao laboratório de genética, à sede administrativa e a seus colegas de trabalho, que, indiferentes à cena, continuavam a ejacular como se não houvesse amanhã.

Entrou no caminhão e viu a porta da caçamba se fechar. Desembarcaria oito horas depois na fazenda Eldorado. Emocionada, Lúcia Helena, que acompanhava tudo à distância, começou a chorar. "Às vezes eu brigo com os donos, dizendo que o touro é nosso por usucapião."

Quem entra na fazenda Eldorado é obrigado a assinar um termo de compromisso atestando estar "sem qualquer doença transmissível ou ferimento", e se comprometendo a não "fumar, comer, cuspir e muito menos tocar em qualquer animal" enquanto estiver na propriedade. Confirmada a boa índole, o visitante recebe então o alvará para cruzar o portão. Um belo corredor de eucaliptos leva à sede.

A sala principal exibe quatro troféus recebidos por Fajardo, entre eles o da Expoinel de 1994, que o revelou para o mundo. Na parede, há um imponente retrato a óleo do touro, de um metro por dois, pintado pela holandesa Marleen Felius, especializada em *portraits* bovinos e caprinos. Ao lado, uma série de fotografias registra as etapas da vida de Fajardo. Ricardo Demétrio, cunhado de Helder, aponta para uma imagem de quando o touro ainda era novilho e acabara de ser adquirido pela família Galera. "Mudou tudo. Dessa imagem, só sobraram as duas árvores do fundo. O resto virou a sede", contou. Nos últimos quinze anos, a fazenda passou de oito para 64 baias. Hoje, Galera possui quinze touros espalhados em três centrais de inseminação.

Fajardo desembarcou da sua última viagem na quinta-feira, no fim da tarde. "Foi um passeio tranquilo, numa rodovia boa. O caminhoneiro sabia a importância do que levava na caçamba", contou Demétrio. Ao descer do caminhão, o touro foi conduzido à baia de número 47, de 25 metros quadrados, com proteção para chuva.

No dia seguinte, Helder e seu pai chegaram de viagem. Vieram expressamente para reencontrar o bovino. "A ideia era que, aqui, o Fajardo pudesse descansar. Ele teria outras companhias, respiraria outros ares. Viveria num piquete maior, mais próximo do que é natural para um boi", lembrou Demétrio. "Não esperávamos que ele fosse morrer tão rápido. Queríamos lhe dar um final de vida mais digno."

Na terça-feira que precedeu a sua morte, Fajardo finalmente se reencontrou com a mãe, Bailarina, a quem não via fazia quinze anos. "Era uma história bonita: mãe e filho juntos de novo", contou Demétrio. Os dois foram colocados no mesmo piquete, de 3 mil metros quadrados. À noite, dormiram em baias separadas.

O dia seguinte nasceu ensolarado. Às seis da manhã, voltou-se a se dar o encontro entre mãe e filho. Fajardo e Bailarina retornaram ao piquete comum e lá permaneceram enquanto o sol crescia. Na hora do almoço, o tratador William Nunes, que passava pelo local, percebeu que havia algo errado: "O touro estava em pé, babando mais do que o normal. Depois deitou, esticou os braços e as pernas, sem fazer barulho nenhum". Nunes correu para chamar o veterinário, que nada pôde fazer.

Era meio-dia da quarta-feira, 18 de fevereiro de 2009. Fajardo morreu à sombra de um oiti.

* * *

 Às três da tarde, o telefone de Fernando Chiavenato tocou em Curitiba. Depois de ouvir a notícia, ele pegou fita métrica e bisturi e partiu em direção ao aeroporto. Após nove horas, dois voos e um translado, chegava à fazenda Eldorado. Como o trabalho requeresse urgência, Chiavenato varou a noite medindo e retalhando Fajardo. Às quatro da madrugada, conseguiu o que queria: a pele do touro, para empalhá-lo.

 Nas semanas seguintes, a imprensa especializada noticiaria o óbito à exaustão. O *Diário de Cuiabá* foi um dos primeiros: "Morre Fajardo, ícone da pecuária de corte". Seguiu-se a revista *DBO*: "Morre Fajardo, marco do nelore moderno". A publicação *Globo Rural* foi enfática: "Morreu o touro Fajardo da GB, uma legenda da criação de nelore". Em anúncio publicado na revista *Nelore*, a CRV Lagoa fez questão de lembrar que há vida depois da morte: "Um raçador nunca morre. Entra para a história".

 O corpo do touro foi enterrado em cova rasa, sem túmulo, lápide ou identificação. Ricardo Demétrio não vê problema: "A imagem que queremos guardar não é a do cemitério. É dele vivo, empalhado, por tudo que fez pela fazenda e pela raça nelore".

 De acordo com a central Lagoa, Fajardo ainda tem 20 mil doses de sêmen armazenadas. Ao preço atual, valem 7 milhões de reais.

O clone

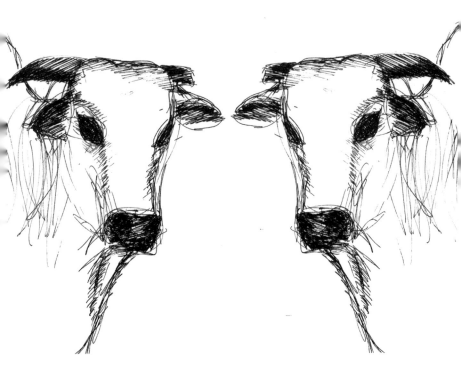

Bos indicus

Fajardo da GB nasceu sete vezes.

A primeira foi em Jales, município do interior de São Paulo, em 29 de novembro de 1992: parto normal, sem grandes cuidados, do ventre da famosa vaca Bailarina.

Treze anos depois, Fajardo nasceu pela segunda vez. O município agora era Tambaú; o ventre, anônimo (de uma vaca que nem à sua raça pertencia); e a data — 21 de fevereiro de 2005 — acabaria por marcar, também, a primeira vez em que o touro morreria.

Na terceira vez em que veio ao mundo, no dia seguinte ao seu óbito, Fajardo pesava 56 quilos. Na quarta vez, 37 quilos. Na quinta, nasceu morto. Na sexta, idem. Quando nasceu pela sétima e última vez, em 2 de março de 2005, Fajardo foi saudado pela equipe de veterinários, biólogos e médicos que acompanharam a cesárea. Tomou um banho para limpar a placenta e mamou colostro para ficar forte. Foi fotografado, filmado e, na ausência de uma certidão oficial, batizado informalmente com o aposto "TN3": Fajardo da GB TN3.

A sigla — abreviação de Transferência Nuclear — já havia sido usada, dias antes, para batizar os Fajardos de 56 quilos (TN1) e 37 quilos (TN2). Dava conta de que, a partir dali, o sultão da espermática bovina já não era um só.

O futebol com dois Pelés, as corridas com três Sennas. A pecuária com quatro Fajardos.

Fajardo (o original) foi o maior ícone da raça nelore na virada do século. Em 2004, quando cada orgasmo seu passou a valer 56 mil reais (o equivalente às quatrocentas doses de sêmen contidas numa única ejaculada), seu proprietário, Helder Galera, resolveu se precaver. E se algo de ruim acometesse o touro?

Se assim fosse, haveria a possibilidade de trocar o seis por meia dúzia. Ou melhor, desde o nascimento da vaca Penta —

primeiro bovino clonado no Brasil a partir de uma célula adulta —, haveria a possibilidade de trocar o seis pelo próprio seis.

"O Helder era meu cliente antigo de fecundação in vitro", contou-me a bióloga Yeda Watanabe, dona do laboratório Vitrogen, especializado em reprodução bovina. "Quando ele soube que eu estava entrando no ramo da clonagem, me pediu que tentasse com o Fajardo."

Por isso, em abril de 2004, uma veterinária da CRV Lagoa — central de reprodução onde o touro morava — caminhou até a baia de Fajardo e, em posse de um bisturi, fez um pequeno corte, sem anestesia, sob a cauda do animal. O naco de pele, de meio centímetro por meio centímetro, foi colocado num tubo de ensaio, mergulhado num recipiente de gelo e enviado, de carro, para o geneticista Flávio Meirelles, da USP de Pirassununga (a universidade é parceira do Vitrogen no estudo da clonagem). "Era *top secret*, nem os funcionários da Lagoa podiam saber", contou-me Meirelles. "Não que fosse proibido, mas tinha que ficar longe do mercado para não criar um problema."

A escolha por um pedaço das pregas, conta ele, foi feita para não descaracterizar o animal: "A outra opção seria usar material da orelha. Mas a orelha fica muito exposta ao sol; as células podem acabar tendo pequenas modificações." Dois meses depois de chegar à universidade, o tecido cutâneo, já depurado, transformado em embrião e multiplicado numa incubadora, foi transportado pela dupla até uma fazenda em Tambaú. Lá, havia seis barrigas de aluguel (vacas sem pedigree cuja única função, em vida, é gestar e parir filhos alheios).

"O Fajardo foi uma escola", resumiu Yeda.

Clones são dois organismos geneticamente idênticos. Gêmeos univitelinos são clones — gerados por uma divisão celular no útero materno. Árvores de eucalipto costumam ser clones — selecionados pelo homem para melhor aproveitar o terreno de plantio.

Existem dois tipos de clonagem pelo processo de transferência nuclear: aquela feita a partir de uma célula embrionária (que já vem ao mundo com a capacidade de gerar qualquer órgão de um animal) e aquela, bem mais complexa, feita a partir de uma célula adulta (que tem uma função única, precisando ser reprogramada geneticamente para dar vida a um novo ser). Os clones de Fajardo entram na segunda categoria.

O primeiro clone animal feito pelo homem data de 1952, quando os norte-americanos Robert Briggs e Thomas King geraram a réplica de um sapo a partir de uma célula embrionária. Em 1981 vieram os ratos. Em 1986, cordeiros. Em 2001, o Brasil entrou no mapa da clonagem embrionária: foi quando nasceu a vaca Vitória, clonada numa fazenda da Embrapa, a Empresa Brasileira de Pesquisa Agropecuária.

Cinco anos antes, no entanto, ocorrera uma importante novidade. Cientistas do Instituto Roslin, da Escócia, anunciaram a clonagem de um mamífero a partir das glândulas mamárias de uma ovelha adulta. Saudada pela imprensa com a pompa que se reserva ao bebê real britânico, a ovelha Dolly teve a vida acompanhada com lupa até morrer, em 2003. Seu caso mostrava que uma célula adulta, tirada de qualquer parte do corpo, poderia recriar um indivíduo *da capo*. "O John Gurdon já havia clonado uma rã a partir de uma célula adulta em 1958", explicou Flávio Meirelles, referindo-se ao cientista britânico agraciado com o Nobel em 2012. "Mas o anfíbio é um ser inferior. Mamífero é muito mais complicado."

Para gerar um clone a partir de uma célula adulta (ou somática, em linguagem científica), é preciso haver três animais: um doador de tecido (que pode ser macho ou fêmea), um doador de ovócito (célula do ovário, necessariamente de uma fêmea) e um receptor de embrião (também fêmea, a barriga de aluguel).

O processo, todo microscópico, é dividido em quatro etapas. Na primeira, o cientista multiplica as células coletadas, para depois tirar o núcleo de uma centena delas. Reserva. Em seguida, ele se volta para os ovócitos da fêmea, de onde saca todo o material genético, deixando apenas o citoplasma (o que sobra da célula sem o núcleo). Reserva. Na terceira etapa, aplica um choque para fundir o núcleo de uma célula com o citoplasma vazio da outra. Por fim, coloca a nova célula em contato com uma droga, que mimetiza o toque do esperma. "Isso é para avisar o ovócito que ele foi fecundado", disse Meirelles. "A gente engana a célula para que ela produza cálcio e comece a se reproduzir."

Após sete dias de incubadora, a nova célula — que, então, já terá formado um embrião — é transferida para o útero materno. Meirelles, assim como qualquer cientista no mundo, não sabe explicar a razão que leva uma célula diferenciada (aquela comprometida com uma única função no corpo) a se transmutar em totipotente (o embrião, que é capaz de gerar qualquer tipo de órgão, da cabeça aos pés do animal). "Esse é o grande mistério", ele diz.

Em 21 de fevereiro de 2005, completados os nove meses da prenhez bovina, Meirelles e Yeda se dirigiram à fazenda em Tambaú, no interior de São Paulo, onde os clones eram gestados. Estavam acompanhados de uma especialista em neonatologia de risco e outra em pneumopediatria. "Era gente que lida com parto de criança mesmo", Meirelles enfatizou.

Cinco meses antes, ele e Yeda haviam coordenado o nascimento da vaca Independência, primeiro clone encomendado com fins comerciais no país. O animal só durou quinze dias (a taxa de sucesso é muito baixa: 12% para bois e 6% para vacas). Daí, portanto, a decisão de fazer com que os novos Fajardos viessem à luz por cesariana.

Dos seis animais, três vingaram. Foram recebidos, já nos primeiros minutos de vida, com máscara de oxigênio, medidor de pressão, exame de sangue e coleta de material para biópsia. Como a clonagem, à época, não era regulamentada, tiveram de crescer no anonimato. "O mercado não podia ficar sabendo, porque criaria um problema", disse Meirelles. "Havia contrato de confidencialidade." O primeiro registro de clone bovino do Brasil só ocorreria dali a quatro anos — tempo que o Ministério da Agricultura, Pecuária e Abastecimento levaria para regularizar a atividade.

Pelo procedimento, Helder Galera pagou 175 mil reais. Os bezerros foram levados à fazenda Eldorado, no noroeste de São Paulo, na mesma época em que Fajardo, o original, vivia seus dias de glória na central de inseminação. Puderam desfrutar, em vida, das dores e das delícias do anonimato. Das dores: andavam em pasto comum, com gado comum, sem os quitutes, cosméticos e benesses reservados aos touros de grife. Das delícias: como não tinham o compromisso de ejacular num tubo de ensaio, podiam exercer o desejo como queriam, quando queriam e, principalmente, com as vacas que queriam. À diferença da lenda do esperma bovino, os três clones de Fajardo não morreram virgens.

Mas morreram — e cedo. Antes de completar dois anos de idade, Fajardo TN2 e Fajardo TN3 já haviam virado carne. O veterinário Pércio Gaspar, que trabalha com a família Galera desde 2005, explicou-me que "fenotipicamente eles eram inferiores, apesar de o DNA ser o mesmo". Foram abatidos como animais de descarte: "A ideia, desde o começo, era manter o melhor".

Ainda que o nascimento dos animais houvesse sido caro, o abate seguia o princípio básico da lei da oferta e da demanda: três clones ejaculando rendem espermatozoides três vezes mais baratos. Além disso, não havia por que manter no mundo um Fajardo que não fosse digno do nome. "Fomos observando. Aguardou-se um tempo, mas um touro era muito melhor do que os outros", resumiu Gaspar.

Único sobrevivente, mas ainda sem registro, Fajardo TN1 passou a atender pela alcunha de Fajardo Clone ou, para os íntimos, Fajardinho. Manteve o cotidiano brejeiro de bovino do interior. Comia, dormia e, quando possível, montava. Vez por outra Helder Galera distribuía, entre amigos, algumas doses de sêmen do animal. Assim foi até a morte do pecuarista, de câncer, em junho de 2009 (coincidentemente, três meses depois da morte do Fajardo-matriz).

"O Helder era muito centralizador. A falta dele foi determinante, tirou o pau da barraca", contou-me Solange Raia, viúva de Galera, durante uma manhã em sua fazenda em General Salgado, no interior de São Paulo. "Quando isso aconteceu, as decisões passaram a ser tomadas por mim, duas irmãs e duas sobrinhas dele. Eram cinco mulheres tendo que decidir. Não demos conta de segurar uma na outra."

Tardou, por isso, até maio de 2011 — quando o animal já tinha seis anos de idade — para que se juntasse ao escrete de uma central de inseminação, em Uberaba. O contrato com a Alta Genetics o obrigava a produzir 15 mil doses de sêmen. Chegou a ser noticiado na revista *Dinheiro Rural*, que destacou: "A expectativa é de que tenha o mesmo sucesso de Fajardo, touro que produziu mais de 460 mil doses de sêmen e foi pai de grandes campeões de pista e reprodução".

Para o clone, era o fim do amor *au naturel*.

Uberaba está para a pecuária como Paris para a pintura, Milão para a moda e São Paulo para a poluição. É lá que ocorrem as duas maiores exposições de bovinos no país — a Expozebu e a Expoinel —, em que touros e vacas desembarcam, ainda jovens, em busca de fama, feno e poder. Na Alta Genetics, Fajardo TN1 tinha duzentos vizinhos laureados, profissionais da ejaculação como Filosófico e Funcionário de Naviraí.

Uma vez assentado, o clone trabalhou normalmente. Coletava sêmen duas vezes por semana e descansava, à sombra de um fícus, nos outros dias. Morou a maior parte do tempo numa baia próxima à sede administrativa. Segundo Darci D'anuncio, gerente distrital da empresa e amigo antigo de Helder Galera, "a impressão era de que você estava vendo o próprio Fajardo".

"Ele não teve nenhum tratamento especial por ser clone", contou. "Mas é impressionante como envelheceu rápido. Chegou aqui com seis anos de idade e já aparentava ser um animal de doze." (O envelhecimento precoce, atribuído ao fato de o animal ter surgido de uma célula adulta, é lembrado por várias pessoas que o conheceram.)

A passagem pela central durou um ano e meio. No catálogo de 2012, em que as estrelas do plantel eram louvadas pela "musculatura evidente", "carcaça moderna", "superioridade genética" e "precocidade sexual", Fajardo TN1 não ganhou um único adjetivo. Seco e desapaixonado, seu resumo o descrevia como "clone do Fajardo, reprodutor já desaparecido", e "primeiro reprodutor clonado a ingressar oficialmente em uma central".

Era o prenúncio do que viria. No final de 2013, ainda que cumprido o acordo das 15 mil doses, Fajardo TN1 foi dispensado. Retornou à fazenda Eldorado com o gosto amargo das promessas que, colocadas à prova, permanecem na condição de promessa. "A demanda não foi tão grande", admitiu D'anuncio. "A genética dele já estava ultrapassada." No touro, espera-se que um reprodutor gere filhos melhores, que vão gerar netos melhores, e daí em diante.

Mas havia um segundo motivo: a restrição generalizada, por parte dos criadores, ao mercado de clones. "O animal é o mesmo", afirmou D'anuncio. "O DNA é igual, não teria por que ser menos valorizado. Tanto faz se o sêmen é colhido aqui ou na Lagoa." (Ricardo Abreu, gerente da CRV Lagoa — central que detém o sêmen do primeiro Fajardo —, discordou: "O DNA é o mesmo, mas o animal é a mistura do DNA e do ambiente. Importa o que vai comer, como vai ser manejado".)

Ao passo que uma dose de esperma de Fajardo é vendida a 350 reais, o sêmen do clone nunca ultrapassou cinquenta reais. O touro original teve filhos, netos e bisnetos premiados. Os herdeiros do clone viraram chã, patinho e lagarto. Embora a Alta Genetics ainda possua 5 mil doses de sêmen congeladas, o produto foi retirado do mercado. "Foi um pedido das herdeiras", desconversou D'anuncio. "Deve voltar no futuro, quando o mercado notar que é o mesmo animal."

Hoje, nem 1% do sêmen zebuíno comercializado no Brasil vem de touros clonados. Superintendente técnico da Associação Brasileira dos Criadores de Zebu, a ABCZ, Luiz Antonio Josahkian acredita que a atividade pertença mais ao campo da "paixão" que do negócio. "Não tem aplicação para melhoramento. Tudo que o Fajardo podia contribuir para a evolução, ele contribuiu. O certo seria clonar centenas de Fajardos e distribuir em várias fazendas para monta natural. Mas quem vai pagar?", perguntou. "Às vezes, são duzentas ou trezentas tentativas para vingar. Brincar de Deus não é fácil."

No retorno à fazenda Eldorado, Fajardo TN1 não contava mais com a curiosidade alheia nem com o endosso de Helder Galera, então falecido. Solange Raia contou que o touro ainda chegou a ser cortejado pelo deputado Jorge Picciani — notório criador de bois e políticos do estado do Rio —, que tinha interesse em leiloá-lo no Copacabana Palace. Como o animal pertencia a cinco pessoas, não houve acordo. Seu destino (ou sentença) foi o pasto.

"Acabou sendo fatal", lembrou Solange. "Se você põe um touro desses no pasto, sem tratamento, ele perde peso, a produção de esperma diminui. O período de um ano sem filhos é crucial para o mercado."

Se não bastasse, na falta de Galera, o grupo de herdeiras decidiu liquidar o plantel e as terras da família. Solange ficou com a fazenda Galícia, quinhentas novilhas e a quinta parte dos 37 milhões de reais arrecadados. O clone, ignorado, permaneceu na fazenda Eldorado, que foi arrendada a um criador de fora.

Em junho de 2013, passados quatro anos de morte de Galera, Solange decidiu retomar a atividade. Criou uma marca com o nome do marido — a Agropecuária Helder Galera — e organizou um primeiro leilão com as novilhas que haviam sobrado da partilha. Como se tratava de uma data solene, requisitou, das outras herdeiras, que o evento contasse com a participação do clone.

Quando o animal chegou, ela teve um choque: "Ele estava magro, debilitado, com problemas no casco. Não o colocamos à venda, mas imaginávamos negociá-lo mais tarde." Fajardinho passou por duas cirurgias para corrigir o casco das patas dianteiras (o problema, gerado por falta de cuidados, se assemelhava a uma unha encravada). O esforço foi inútil. Apesar de ser um touro na meia-idade, já apresentava problemas de um animal na velhice. "Era crônico, tinha um inchaço", lamentou Solange. "Se ele tivesse sido vendido no Copacabana Palace, a história teria sido totalmente diferente. Ficou um touro sem dono."

Pércio Gaspar, o veterinário, começou a ser visto com mais frequência na fazenda. Montou-se uma estrutura coberta para o clone, que pesava meros oitocentos quilos (quatrocentos a menos que o touro original). Fajardinho chegou a ganhar peso comendo ração especial e tomando vitaminas, mas não resistiu à artrose. Em semanas, já não conseguia se levantar. Com a ajuda de um cavalo (no qual eram amarradas duas cordas), passou a ser içado, uma vez ao dia, para mudar de posição e evitar uma trombose. Em seguida, veio a necessidade de tomar soro na veia.

Às 6h30 do dia 18 de fevereiro de 2014, exata e estranhamente seis anos após o óbito do touro-matriz, Fajardo morria pela sétima e última vez. Salvo por Solange, nenhuma das proprietárias se importou em ir visitá-lo. "Era irreversível", ela lembrou. "Quando vi que estava deitado, na véspera, chorei muito. A presença dele era muito forte, mais pelo significado emocional que financeiro. Sempre vi o Helder nos dois Fajardos, assim como o vejo nos meus filhos."

Em vida, Fajardo da GB foi adulado com troféus, capas de catálogo e bolos de feno em datas festivas. Na morte, foi chamado pela imprensa de "recordista", "animal extraordinário" e "progenitor de uma geração de campeões". Embalsamado para a eternidade, hoje descansa, inerte, num mausoléu construído em sua homenagem na Estância IPB, de um amigo da família Galera, no Mato Grosso do Sul.

Já o clone, quando morto, não ganhou sequer uma linha em publicações especializadas. "Foram mortes parecidas, muito rápidas", contou o veterinário Pércio Gaspar. "Mas falar 'morre o Fajardo' é diferente de falar 'morre o clone do Fajardo'."

Foi enterrado em terreno baldio, sem despedida ou cerimônia. Solange pretende plantar um ipê-branco no local onde o touro morreu. "O clone era bom, correspondeu à expectativa", ela disse. "A diferença é que o Fajardo teve o Helder. O criador faz a diferença no animal. Faltou fazer o nome do clone."

O vigia

Parabuteo unicinctus

Kyoto é um gavião asa-de-telha de quatro anos. Nascido num viveiro em São Gonçalo, foi levado, ainda pequeno, para uma casa em Anchieta, subúrbio carioca. Lá, distante de pai, mãe ou irmão que lhe mostrasse que presa boa é presa morta, aprendeu a ser cordato. Deixou de assassinar pombos. Deixou de trucidar quero-queros. Passou, no máximo, a capturar as aves inimigas e aguardar, qual foca adestrada, a recompensa — em forma de codorna ou camundongo — das mãos do criador.

O criador é Marcus Estevan, de 25 anos. Funcionário da Petrobras e sócio de uma empresa chamada Cepar (Centro de Preservação de Aves de Rapina), Estevan fez de Kyoto seu gavião cobaia: foi o primeiro por ele adestrado. As aulas ocorreram no Parque Natural do Gericinó, em Nilópolis, durante seis meses.

Hoje, já formado, Kyoto trabalha de segunda a sexta, com mais treze aves de rapina, no Aeroporto Internacional do Galeão (um dos nove aeroportos brasileiros a fazer uso da prática). Além de quero-queros, investe contra garças, carcarás e urubus. Em quatro meses, sua tropa apreendeu ao menos quarenta elementos. "Só a presença já afugenta as aves, mas os gaviões capturam algumas para não ficarem desacreditados", disse-me Estevan. "Quando existe a apreensão, o recado passado é mais forte."

Para tornar-se uma ave adestrada, um gavião precisa enfrentar de três a seis meses de preparo. O treinamento consiste em fazê-lo abdicar de seu instinto carnívoro e entender que a luva de couro do falcoeiro é sinônimo de comida. Se consegue fincar as garras num coelho ou num pombo, ele volta à luva para ser recompensado. "Por isso o falcoeiro tem que estar por perto o tempo todo. É um trabalho de conquistar o animal", continuou. "O instinto do gavião é capturar uma presa e levá-la para o alto de uma árvore. Nós lhe ensinamos que vale mais a pena ficar parado. Cobrimos o indivíduo capturado e oferecemos a troca. O alimento é o nosso poder de barganha."

O dono do gavião também precisa fazê-lo se acostumar a seu cheiro, sua voz, seu toque e seu comando sonoro, além dos estímulos externos, como o barulho de carro ou de avião. Após semanas de exercícios, a ave é solta numa área aberta, de preferência com um radiotransmissor na cauda, para ser localizada. "A primeira captura é emocionante", diz Estevan.

A falcoaria surgiu na Mesopotâmia, cerca de 4 mil anos atrás. "Não foi muito diferente da domesticação do cachorro", conta João Paulo dos Santos, que preside a Associação Brasileira de Falcoeiros e Preservação de Aves de Rapina. "O homem deve ter visto a ave caçando pato, codorna, galinha selvagem. Passou a oferecer abrigo. Em troca, a ave dividia a comida." O escambo beneficiava os dois lados: "Na natureza, um animal desses provavelmente morre quando se machuca. Se vive dez anos no mundo selvagem, chega a 25 anos na mão de um falcoeiro".

A atividade permaneceu ligada à subsistência até ser abraçada pela aristocracia europeia na Idade Média. O imperador Frederico II, que dominou Roma durante o século XIII, tinha cinquenta falcões. Publicou *Da arte de caçar com aves*, primeiro tratado sobre a falcoaria. "Embora seja verdade que aves predadoras tenham uma antipatia inata à presença e à companhia do homem", escreveu, "por meio desta nobre arte aprende-se a superar esta aversão natural, ganhando-lhes a confiança." O livro, de seiscentas páginas, foi inaugural no estudo da ornitologia.

O crescimento da falcoaria entre os nobres levaria a dama inglesa Juliana Berners — espécie de Gloria Kalil do século XV — a publicar *The Boke of Saint Albans* [O livro de santo Albans]. Na obra, Berners detalhava as regras de etiqueta para o homem interessado na caça. Estabelecia uma hierarquia aviária a partir do cargo de cada um na monarquia. O imperador era o único a ter o direito de se acompanhar de uma águia. Reis, príncipes, duques, barões, padres e cavalheiros poderiam caçar com falcões (cada qual com uma espécie específica). Aos servos, restava uma espécie menor, chamada peneireiro-vulgar.

Com o surgimento da arma de fogo, que aos poucos substituiria a ave na caça, a falcoaria entraria em declínio. A partir do século XVIII, sobreviveria quase exclusivamente como esporte da elite. "Mas nos Emirados Árabes, na Mongólia e na Rússia, ainda existe uma pequena tradição de subsistência", diz João Paulo dos Santos.

No Brasil, existiu de forma discreta, praticada por pessoas isoladas, até a fundação da Associação dos Falcoeiros, em 1998. Hoje há quinhentos associados no país. A procriação só é autorizada em quatro viveiros (um no Rio Grande do Sul, um no Rio de Janeiro e dois em Minas Gerais). Em 2010, a prática foi considerada patrimônio imaterial pela Unesco.

A falcoaria é praticada com quatro dos seis tipos de ave de rapina. Abutres e urubus, que se alimentam de carcaça, não servem para a caça. Já a águia, o falcão, o gavião e a coruja — apreciadores de carne fresca —, sim. São aves com visão aguçada, bico cortante e principalmente garras — que são fincadas, quais ganchos, no corpo das presas. Não têm predadores além do homem e delas mesmas.

"A gente utiliza o animal que melhor vai se sair com cada presa", explica Santos. "Presa grande, como mamífero, tem que ser caçada com gavião ou águia. Presa pequena, como pássaro, é boa para falcão. Já presa noturna é ideal para a coruja, que nada mais é que um gavião ou uma águia que se especializou em caçar à noite."

O leque de espécies é vasto. A harpia, uma águia, pesa dez quilos e chega a dois metros de envergadura. Vive na Amazônia e em parte da Mata Atlântica, onde caça macaco, preguiça, cobra e cutia. O cauré, um falcão, pesa não mais que duzentos gramas. Vive em quase todo o continente americano, à base de gafanhoto, mariposa, lagartixa e andorinha. "Eu faço uma comparação", diz Santos. "A águia, que não é tão veloz, seria um Boeing. Já o falcão, que é menor, mais ágil e tem a asa curvada para trás, um caça."

O falcão-peregrino chega a trezentos quilômetros por hora. É considerado o animal mais rápido do mundo. Há competições de falcoaria nos Estados Unidos, na Espanha e em vários países do Oriente Médio.

"O *superbowl* é nos Emirados Árabes", ele explica, referindo-se à milionária final do futebol americano (só que a bola, nesse caso, é uma revoada de pombos, solta de um helicóptero). "Dão 1 milhão de dólares em prêmios. Tem várias modalidades: caça mais rápida, mais bonita, mergulho mais elegante."

No Brasil, a falcoaria só pode ser exercida para educação ambiental e controle de pragas. Esta última modalidade emprega 120 aves — geralmente em galpões, indústrias, portos e aeroportos, onde exercem a função quase invisível de agentes de segurança. A maior parte das aves pertence à espécie de Kyoto, a asa-de-telha — que tem a plumagem escura, o bico curvado e uma envergadura de um metro. "É uma das mais inteligentes", explica Santos. "Trabalha em grupo e em todo tipo de local."

Batizado em homenagem ao famoso protocolo ambiental, Kyoto serve no Galeão com mais seis gaviões de sua espécie (Blue, Kala, Eva, Ícaro, Sora e Alfa), dois gaviões-bombachinha-grande (Taiga e Two) e sete falcões-de-coleira (Sam, Matata, Aladin, Thor, Katara, Vick e Adele). Dorme na área de carga, desperta às seis da manhã, pega no batente das oito às três da tarde. Caça, com autorização da torre de comando, no intervalo entre o subir e descer das aeronaves. Come pouco, para não ganhar peso e perder agilidade. Nos fins de semana, costuma ir ao Parque do Gericinó, para duas horas de voo livre.

Coordenadora de Meio Ambiente da Infraero, Priscila Souza diz que chegou a instalar armadilhas para a captura de urubus — numerosos, devido ao entorno poluído da baía de Guanabara. "Mas ter um predador trouxe mais resultado", afirma. O contrato pelo uso das aves, de um ano, custou 300 mil reais.

A arquiteta Flávia Nunes, consultora da Casa Daros — o centro cultural de arte latino-americana em Botafogo —, também recorreu aos serviços de Kyoto quando se viu sem alternativas para expulsar os pombos que empesteavam o pátio interno do local. "Tínhamos tentado colocar espículas nas fachadas, mas não adiantava", diz Flávia. "Então meu avô, que já criou canários, me falou da possibilidade de usar gaviões."

Durante trinta dias, Kyoto e um segundo gavião asa-de-telha — Koushin — trabalharam das 16h30 às 20h30, capturando cerca de vinte pombos. Um falcoeiro encarregou-se, em paralelo, de desmontar os ninhos (pombos tendem a permanecer sempre no mesmo perímetro). "Diminuiu muito", aponta Flávia. "Mas eu não me afeiçoei a nenhum dos gaviões. Acho um bicho traiçoeiro."

No mês passado, em um momento de lazer, Koushin pousou numa rede elétrica e não resistiu ao choque. Já Kyoto voltou ao Galeão, onde deve permanecer por mais um ano. Depois, poderá ser transferido para uma fábrica de papel ou um shopping em Salvador, onde outros funcionários de sua empresa estão trabalhando.

O cosmonauta

Mus musculus

Eram quase sete da manhã no sudoeste russo quando Major Tom voltou à Terra. O retorno havia sido anunciado no início daquele dia, quando sua cápsula se separara do restante da nave. Passados trinta dias no espaço, em que orbitara 477 vezes em torno do planeta, chegara a hora de enfrentar, mais uma vez, os efeitos da gravidade.

Assim que a cápsula atingiu a atmosfera, Major Tom foi jogado contra o teto, onde permaneceu enquanto o objeto desacelerava e a temperatura externa atingia 2 mil graus. A nove quilômetros de altitude, o paraquedas foi aberto, lançando-o de volta ao chão (que ficava a dez centímetros do teto). Às 7h11 daquele domingo, 19 de maio de 2013, o satélite Bion-M1 finalmente aterrissou no gramado de uma fazenda russa.

Alexander Andreev-Andrievskiy chegaria dali a dez minutos, em um dos sete helicópteros militares que rumaram para o local. O biólogo de 32 anos passara a noite acordado. "Estava muito ansioso", ele me diria, meses depois. "Ainda tive que esperar mais quarenta minutos para que a cápsula fosse desmantelada. E eu não sabia se os camundongos estavam bem."

As informações enviadas da nave por computador pareciam mostrar que metade dos 45 roedores estava morta. Mas havia a chance de que o computador estivesse errado, ou pior, de que o restante tivesse morrido na chegada. Por isso, Andrievskiy lembra-se com clareza do momento, depois do desmonte, em que viu um camundongo mexer-se na cápsula. "Eu estava feliz, mas não havia tempo para emoção", contou. "Era muito trabalho."

O compartimento com os animais foi levado a uma tenda erguida no meio do gramado para servir de laboratório. Lá, Andrievskiy pinçou os camundongos pelo rabo, colocando-os numa caixa limpa, de plástico, para avaliá-los. Dos 45 cosmonautas, dezesseis haviam sobrevivido. Um deles era Major Tom.

* * *

Major Tom era um camundongo da raça C57BL/6 — geralmente chamada de Black 6 ou B6 —, de longe a mais usada na pesquisa científica. Aos três meses — idade em que a espécie atinge a maturidade — foi levado a um laboratório na Universidade Estadual de Moscou, na companhia de outros 299 camundongos. Era um domingo, no início de 2013, 51 dias antes de partir para o espaço.

Lá ficou sob os cuidados de Andrievskiy, um cientista vinculado à universidade e ao Instituto de Problemas Biomédicos (IMBP), a agência russa encarregada de estudar o espaço. Entre 1973 e 1997, o IMBP colocara toda sorte de mamífero, peixe, réptil, inseto, bactéria e fungo em órbita. Essa seria a primeira vez que trabalharia com camundongos, todos do sexo masculino. Andrievskiy chefiaria o trabalho.

À época, Major Tom era conhecido por seu número: 50. Foi pesado e medido, além de ter um microchip implantado sob a pele das costas. Depois, a exemplo do que ocorreria com mais 29 candidatos, passou por uma cirurgia cardíaca para que um cateter monitorasse sua pressão arterial. "A cirurgia levou vinte minutos, sob anestesia geral", explicou Andrievskiy. Major Tom — ou Camundongo 50 — se recuperaria em uma semana.

Quarenta e cinco dias antes do lançamento, os animais foram divididos em cem grupos de três. Passaram a ser observados e, em caso de conflito, trocados. "No espaço, que é um ambiente incomum, precisávamos dos mais dóceis", justificou. O Camundongo 50 ficou acompanhado dos camundongos 51 e 173. Entenderam-se.

Duas semanas mais tarde, deu-se início ao treinamento. Primeiro, cada animal foi avaliado por sua personalidade (quanto mais curioso e exploratório, mais apto estaria a voar). Seguiu-se, então, a prova de aderência (em que era obrigado a equilibrar-se, qual um funâmbulo, sobre uma barra giratória). Por fim, atravessou uma semana de exercício aeróbico (em que cada centímetro percorrido numa roda era computado).

O candidato também tinha a inteligência testada. Era apresentado a dois feixes de luz de cores diferentes. A escolha por uma luz era recompensada com leite em pó; a escolha pela outra não resultava em nada. Uma vez que a ordem era entendida, os cientistas a invertiam, para ver se a mudança era percebida. Por fim, o candidato precisava se adaptar a uma ração pastosa — a mesma que comeria no espaço.

Os resultados foram anunciados uma semana antes do lançamento. Dos cem trios, 53 continham cosmonautas em potencial. Outros 35 trios foram designados para experiências de controle em terra (que serviriam de base para comparar os cosmonautas, de forma a medir os efeitos exatos do espaço). Doze trios foram descartados — e sacrificados — devido à incapacidade física, intelectual ou social de seus integrantes. "Nós trabalhamos com quatro critérios", explicou Andrievskiy. "Checamos se eles conviviam bem, se os implantes funcionavam, se eram saudáveis e se tinham capacidade de aprendizado." Um camundongo que correu onze quilômetros num dia não foi escolhido. "Selecionamos os que estavam no meio. Queríamos o normal, não os extremos. Não eram as Olimpíadas."

Bichos são usados como modelo para a anatomia humana desde os gregos, embora a prática tenha se estabelecido de fato durante a Renascença. A partir de então, quase toda descoberta no campo da medicina contou com algum tipo de sacrifício animal. Pombos foram utilizados para o estudo da malária, gatos para o mapeamento do cérebro, vacas para o transplante de órgãos. Nenhum outro animal, no entanto, trouxe contribuição científica maior que a dos camundongos. Hoje, 22 milhões de camundongos são mortos em laboratórios norte-americanos e europeus a cada ano (o número no Brasil é irrelevante).

Camundongos passariam a ter papel na ciência no começo do século xx, quando a professora norte-americana Abbie Lathrop resolveu criá-los em sua fazenda no estado de Massachusetts. De início, Lathrop pensava em vendê-los para colecionadores (a prática, que começava a surgir nos Estados Unidos, já era comum na Inglaterra, onde havia concursos de beleza murina). Mas pouco tardou para que encontrasse uma clientela mais vasta, abastada e interessada.

À época, a comunidade científica se debruçava sobre as Leis de Mendel, que explicam a perpetuação de traços genéticos, transmitidos de geração em geração. Mendel formulara sua lei estudando ervilhas. Em 1907, um estudante de Harvard chamado Clarence Cook Little foi escalado para testá-las em mamíferos. Usou os camundongos de Lathrop.

Como a estrutura do DNA ainda era desconhecida, a genética só podia ser estudada por observação visual. Little passou a cruzar camundongos entre irmãos, de forma a decantar certos traços, criando animais com cor, forma e tamanho específicos (é a mesma técnica que leva ao surgimento de novas raças em cães ou gatos).

"A maioria dos animais não tolera a consanguinidade", explicou o geneticista Kevin Flurkey, do Jackson Laboratory — um gigante farmacêutico fundado por Little, que vende 2,5 milhões de camundongos por ano. "Ratos, por exemplo, padecem de problemas genéticos depois de três anos de cruzamento entre irmãos. Camundongos não têm esse problema, talvez porque já cruzem entre si na natureza."

Em 1909, Little desenvolveu a primeira linhagem consanguínea de camundongo, chamada DBA. "Percebi que uma linhagem geneticamente homogênea poderia ser mantida indefinidamente e usada para qualquer fim experimental", escreveu em suas anotações. Em 1921, criaria o Black 6 — um camundongo preto, de 25 gramas e dez centímetros de comprimento —, que, sessenta anos depois, acabaria entrando para o Olimpo da medicina.

"No meu tempo de estudante, o rato era a espécie mais presente em laboratório", continuou Flurkey. "Mas no final da década de 1980 houve a revolução do camundongo. Todo mundo migrou."

A mudança foi motivada por um avanço científico: geneticistas haviam finalmente aprendido a manipular a estrutura do DNA. Em paralelo, o governo dos Estados Unidos investia 3 bilhões de dólares para mapear o genoma humano. Somados, esses fatores significavam que a partir dali seria possível estudar — e quiçá resolver — a causa de certas doenças genéticas.

Para isso, os biólogos dependeriam de uma espécie estável, em que todo indivíduo apresentasse as mesmas características (para que o resultado de pesquisas feitas por pessoas diferentes em lugares variados pudesse ser comparado). O rato, que não resiste ao cruzamento entre irmãos, era demasiado diverso. Já o camundongo estava acasalando de forma incestuosa desde o início do século — o que resultara em milhares de animais virtualmente idênticos. Era o bicho certo na hora certa.

O que veio a seguir foi um *baby boom*. Novos métodos de manipulação genética levaram a novas perguntas, que precisavam de novos roedores para serem resolvidas. Cientistas inventaram camundongos anêmicos, camundongos que brilham no escuro, camundongos transgênicos com DNA humano, camundongos para o estudo do autismo, camundongos suscetíveis à depressão, à enxaqueca, ao câncer. A regra era simples: quanto mais próximo de uma doença humana, melhor. Um animal é útil à ciência quando padece de mazelas iguais às nossas.

Mas entre milhares de roedores recém-lançados, nenhum outro alçou voo como o Black 6. Talvez fosse por sua propensão a ficar surdo, ou pela predisposição à obesidade. Talvez ele tenha sido valorizado por sua dificuldade de visão, ou pelos problemas de envelhecimento. Além da capacidade de reproduzir, do tamanho diminuto e do preço acessível (cerca de vinte dólares cada animal), o Black 6 também foi ajudado pelo que Kevin Flurkey me descreveu como um "efeito bola de neve": "Se o cientista anterior usou, o que vem em seguida vai repetir".

Camundongos B6 foram usados para estudar diabetes, osteoporose e doenças cardíacas; beberam álcool, cheiraram cocaína e tomaram Viagra. Alguns foram separados da mãe na infância para sofrer os efeitos da ausência materna; outros foram engordados para testar remédios contra a obesidade. Trouxeram avanços no mapeamento cerebral, no tratamento da diabetes e na batalha contra a arteriosclerose. No MIT, o Instituto de Tecnologia de Massachusetts, camundongos B6 tiveram o comportamento avaliado ao som de Tom Jobim ("Água de beber") e Beethoven (o segundo movimento da *Sétima sinfonia*). Pareceram gostar.

Em 2002, o Black 6 teve seu genoma mapeado. A partir de então, um consórcio internacional passou a investir 900 milhões de dólares para descobrir o efeito de cada um dos 20 mil genes que formam o animal. O raciocínio por trás do projeto é simples: já que camundongos e humanos coincidem em 95% do DNA, um gene responsável por uma característica em um animal terá importância similar no outro. "Um único gene pode fazer uma enorme diferença", diz a cientista Patsy Nishina, responsável pelo projeto no Jackson Laboratory. "A ideia é achar pontos de entrada de doenças ou patologias."

Hoje, o Jackson Laboratory vende 9 mil variedades de camundongos. Sessenta por cento dos pedidos ainda são de Black 6.

Assim que Andrievskiy anunciou o resultado do crivo, os 53 trios escolhidos foram colocados em recipientes de plástico e transportados para um aeroporto de Moscou. Voaram direto para o Cosmódromo de Baikonur, uma base de lançamento localizada no Cazaquistão. A viagem levou 24 horas.

Três dias antes do lançamento, Andrievskiy foi autorizado a colocar os camundongos dentro do satélite. Foi só então que os quinze trios finalistas foram selecionados — e que o camundongo de número 50 foi batizado. "Cinco dos animais tinham o dispositivo cardíaco", ele explicou. "Nós os apelidamos com base em músicas do David Bowie, que ouvíamos muito naqueles dias."

Naquela terça-feira, 16 de abril, Space Invader, Space Boy, Spider from Mars, Ziggy Stardust e Major Tom foram colocados com seus trios dentro de cinco compartimentos cilíndricos, que lhes serviriam de lar a partir de então. Cada compartimento tinha o tamanho de uma garrafa PET e era equipado com uma câmera, um distribuidor de comida, uma lâmpada para simular o dia e um filtro para acumular detrito. Dos trios restantes, quinze foram deixados em stand-by, caso substituições fossem necessárias (um grupo teve que ser mudado antes da decolagem).

Os compartimentos foram fechados e alocados sobre um carrinho de mala. Andrievskiy empurrou o carrinho até um hangar, de onde o maquinário foi içado para dentro do satélite. Os camundongos foram encaixados ao lado de outros recipientes com a tripulação adicional, composta de oito ratos-do-deserto, quinze lagartos, vinte caracóis, além de todo um conjunto de peixes, plantas, algas, bactérias, fungos e micróbios. Ele passaria os dias seguintes ao lado de sua assistente, Anfisa Popova, monitorando os vídeos dos animais.

Às duas da tarde de sexta-feira, 19 de abril, os cinco motores do foguete Soyuz-2 foram ligados. Andrievskiy filmou a cena de um campo a um quilômetro de distância. Quando o foguete começou a decolar, ele deixou a câmera cair — e não a pegou de volta. A cena mostra a vegetação árida do Cazaquistão, acompanhada de algumas palavras em russo e do som do foguete ao fundo. "Foi emocionante", lembrou. "Eu não dormia há três dias. Estava muito agitado."

Para os 45 cosmonautas, chegara o momento de mostrar por que haviam sido escolhidos entre trezentos candidatos para encabeçar uma missão de 80 milhões de dólares. Teriam de provar que poderiam sobreviver a um habitat sem ninho, sem luz solar, sem água, sem ração seca, sem roda de corrida, sem assistência médica e, principalmente, sem gravidade.

Após 51 dias de treinamento, Major Tom e seus companheiros rumavam ao espaço.

Em 2009, seis filhotes de camundongos foram enviados para uma estadia de três meses na Estação Espacial Internacional (metade morreu, residindo no frigorífico até o retorno). Em 2011, trinta fêmeas — todas Black 6 — embarcaram no ônibus espacial *Atlantis* em sua missão final (foram sacrificadas três horas depois da aterrissagem). Nenhuma missão, no entanto, requereu tanto preparo, orbitou tão alto e envolveu tantos camundongos (e humanos) como a última Bion. "Era ciência de verdade", Richard Boyle, um cientista da Nasa, me disse.

A história dos camundongos no espaço começa em agosto de 1950, quando um roedor sem nome ou linhagem específica voou num foguete norte-americano a 137 quilômetros do solo.

Embora tenha morrido na volta, por falha no sistema de aterrissagem, a missão ainda assim foi considerada um sucesso: vídeos registraram o animal flutuando, sem ar de confusão.

Até aquele ponto, a ciência não tinha uma ideia clara do que a ausência de gravidade poderia provocar. As tentativas anteriores de lançar animais haviam fracassado. Desde 1948, cinco macacos, todos norte-americanos, todos chamados Albert, haviam morrido antes de voltar. Em julho de 1951, a União Soviética conseguiria finalmente enviar dois cães — Dezik e Tsygan — e trazê-los de volta a salvo.

A decisão da União Soviética de trabalhar com cães surgira por duas razões. Em primeiro lugar, cães eram mais adestráveis e menos estressados do que macacos. Em segundo, eles já eram utilizados, desde a década de 1890, nos testes de comportamento de Ivan Pavlov. Decidiu-se que os animais viajariam em duplas, de modo que a reação de um pudesse ser medida em relação à do outro.

A busca pelos cães seguiu critérios rigorosos, como explicam os historiadores Colin Burgess e Chris Dubbs no livro *Animals in Space*. Os bichos tinham de ser pequenos — do tamanho de um gato — para caber no foguete. Também precisavam ter pelagem clara, de modo que aparecessem nos vídeos filmados no espaço. Por fim, deviam ser fêmeas, uma vez que o dispositivo sanitário que usariam não fora projetado para caber em machos.

Mas, acima de tudo, os candidatos que iriam suportar a velocidade de 4 mil quilômetros por hora e uma força gravitacional cinco vezes maior do que a da Terra tinham que ser fortes — e não havia lugar melhor para encontrar animais calejados do que as ruas e os canis de Moscou. "Estes formaram o principal grupo de candidatos para o programa de treinamento no espaço", Burgess e Dubbs escreveram. "Cães de raça não foram bem nos testes iniciais. Vira-latas, por outro lado, eram feitos de material mais resistente, especialmente se tivessem vivido nas ruas, acostumados ao frio e à fome."

A maioria dos cães foi escalada para voos curtos, que subiam poucos quilômetros e voltavam à Terra em questão de minutos. Os mais pacatos, no entanto, foram escolhidos para integrar o futuro esquadrão orbital — a elite canina do espaço, que teria de aguentar longos voos em torno do planeta. Entre eles, havia uma cadela chamada Laika.

Laika foi lançada ao espaço no dia 3 de novembro de 1957 para celebrar o quadragésimo aniversário da Revolução Russa. Ela só tinha bilhete de ida. No plano mais otimista sobreviveria por uma semana, morreria ao comer ração envenenada e passaria os cinco meses seguintes se decompondo até o satélite voltar. Em vez disso, morreu em cerca de cinco horas, devido à elevação da temperatura: o isolamento térmico da cápsula fora danificado no lançamento (dos 48 cães lançados pela União Soviética durante a Guerra Fria, vinte morreriam em serviço).

Sua morte agonizante foi escondida da imprensa. As reações variaram do entusiasmo dos cientistas (que concluíram que a microgravidade não causava nenhuma alteração essencial ao corpo) à indignação dos donos de cães (que se reuniram em frente à Organização das Nações Unidas, em Nova York, num dos primeiros protestos em defesa dos animais).

Ainda assim, o lançamento representou uma vitória política para a União Soviética. Como primeiro ser vivo a voar em torno da Terra, Laika seria retratada em livros, filmes, jornais, esculturas, pôsteres e selos postais. E abriria caminho para que um homem, quatro anos mais tarde, finalmente alcançasse o espaço.

Dez minutos depois da decolagem, Major Tom deixou a atmosfera. O foguete silenciou, o peso da gravidade cessou e ele começou a voar. A nave subiu suave e silenciosamente, passando por restos de satélite, atravessando a órbita da Estação Espacial Internacional e atingindo, por fim, a altitude de 575 quilômetros em que permaneceria até o fim da viagem. A paz reinou enquanto a temperatura interna era estabilizada em 22 graus.

Mas logo no segundo dia da missão houve duas fatalidades. "O que pode explicar as mortes?", Andrievskiy escreveria, com doze outros autores, num estudo publicado em 2014. "Não havia nenhuma evidência de luta, mordida ou comportamento agonístico em nenhum dos vídeos. Não acreditamos que alguma das lesões tenha resultado de agressão entre os machos." Concluiu-se que os camundongos haviam morrido com o rabo preso no aparato de comida.

No nono dia, novo acidente, mesma causa mortis. No décimo, uma avaria no sistema de alimentação afetaria cinco gaiolas, matando quinze cosmonautas de inanição. Onze mais pereceriam até o fim da viagem — incluindo o Camundongo 51, da equipe do Major Tom. "Quando um camundongo morre na gaiola, os outros o comem", explicou Andrievskiy, com naturalidade. "Como a maioria dos animais, eles geralmente começam pelo cérebro e pelo intestino. É o que ocorre quando matam uns aos outros numa luta."

Outros óbitos ocorreriam durante a missão. Devido a uma falha no sistema de oxigênio, todos os ratos-do-deserto morreriam no final da primeira semana. Quando as luzes do aquário parassem de funcionar — interrompendo o processo de fotossíntese das algas —, seria a vez dos peixes e crustáceos. Os quinze lagartos e vinte caracóis sobreviveriam. As minhocas morreriam, comidas pelos lagartos, como planejado.

Andrievskiy passou todo aquele mês no Cosmódromo de Baikonur interpretando as informações que chegavam por computador da nave. "A maior parte dos dados vinha dos cinco animais que tinham implantes cardíacos", explicou. "Nós poderíamos mais ou menos inferir, de acordo com o consumo de oxigênio, se os outros estavam vivos."

Em janeiro de 2015, visitei Andrievskiy na Universidade Estadual de Moscou, um edifício de arquitetura soviética cortado por intermináveis corredores de madeira escura. Em seu escritório havia cinco camundongos Black 6, presos em duas gaiolas. Ele pegou um, chamado Zaratustra, de dois anos e meio de idade. "Uma pessoa do laboratório estava estudando filosofia", disse, explicando a origem do nome. "Este bicho fugiu duas vezes, mas sempre voltou. Agora, ele está desfrutando de sua aposentadoria."

Pedi que me mostrasse um vídeo dos roedores no espaço. "Olha o Major Tom!", ele disse, observando a cena com um sorriso fascinado. Perguntei-lhe como os bichos devem ter se sentido ao voar. "Acho que eles ficaram surpresos, mas logo aprenderam a lidar com isso", respondeu. "Não entraram em pânico. Camundongos sobem em paredes. Eles vivem em três dimensões."

A corrida espacial tem, na Rússia, uma importância similar à do futebol no Brasil. O país tem um feriado nacional — o Dia do Cosmonauta — e um museu — o Museu Memorial da Cosmonáutica — que, no domingo, fica apinhado de adolescentes tirando fotos de naves, réplicas de satélite e cães taxidermizados. Há também um enorme memorial: o Monumento aos Conquistadores do Espaço, que une Lênin, Laika e Gagarin na mesma estátua.

Yuri Gagarin, o primeiro homem a orbitar a Terra, é um ícone nacional. Em Moscou, ele é lembrado por uma escultura futurista, erguida em homenagem ao seu feito de 1961. Nas lojas de suvenir, seu rosto estampa canecas, pratos e camisetas. Quando perguntei a Andrievskiy se Gagarin é tão idolatrado na Rússia quanto Pelé no Brasil, ele respondeu sem ironia: "Acho que é mais".

No estacionamento do IMBP, uma foto de Gagarin pende de uma parede. O instituto foi fundado pelo Partido Comunista em 1963 para liderar a pesquisa científica de voos espaciais. Em 1970, pouco antes de lançar sua primeira estação espacial, o IMBP criou o programa Bion, para estudar como os cosmonautas poderiam passar longos períodos em órbita. "Sabia-se que, depois de dezoito dias no espaço, o corpo humano voltava em mau estado", explicou-me Vladimir Sychev, vice-diretor do IMBP. Entrevistei-o numa sala de reunião onde havia uma enorme mesa de madeira, uma televisão de tubo, uma árvore de plástico e lustres de cristal. Ele falava em russo e usava um broche do IMBP preso ao paletó.

"Precisávamos saber que sistemas no corpo humano reagiam à falta de gravidade", continuou, sendo traduzido por uma intérprete. "Havia duas maneiras de resolver esse problema. A primeira era através de voos tripulados. A segunda era lançando satélites Bion, para analisar os efeitos em outros animais."

De 1973 a 1997, o programa levou 212 ratos e doze macacos ao espaço — além de insetos, anfíbios, répteis e células humanas. Chegou-se a conclusões sobre os sistemas muscular, ósseo, cardíaco e gravitoceptor. "O resultado principal", Sychev disse, "é que agora conseguimos deixar um cosmonauta por um ano e meio no espaço." Interrompido oito anos depois da queda da União Soviética, o programa seria retomado com o voo de Major Tom.

Perguntei a Sychev se o principal objetivo da missão Bion-M1 era fazer com que o homem chegasse a Marte. "No final de 1980, já havia capacidade de enviar o homem a Marte", ele respondeu. "O principal problema foi a falta de dinheiro. Agora, novamente, não há dinheiro." Então por que insistir numa nova missão? "Temos grande experiência em voo orbital, mas agora temos os meios de entender certos efeitos no nível molecular", explicou. O camundongo, que teve seu DNA mapeado e cada um dos seus 20 mil genes estudado, era o melhor animal para encabeçar tal empreitada.

Sychev também explicou por que o IMBP optou por não enviar os animais para a Estação Espacial Internacional: "Cerca de trinta outros testes foram conduzidos durante o voo. Teria levado mais de um ano para fazê-los na estação". Havia outro motivo: a altitude de quatrocentos quilômetros onde a estação orbita é razoavelmente protegida da radiação solar. Se o homem quer chegar a Marte, ele tem de estudar ambientes desprotegidos. "Os níveis de radiação eram seis vezes maiores na órbita da Bion", disse.

Como camundongos não costumam viver mais do que três anos, os trinta dias de Major Tom no espaço equivalem a dois anos de uma vida humana. A missão Bion-M2 está prevista para 2019. Os animais provavelmente pertencerão à mesma espécie, orbitando, dessa vez, a mil quilômetros de altitude. "O nível de radiação será ainda maior. Isso nos dará a possibilidade de comparar os resultados", concluiu.

Major Tom voltou mais gordo do espaço. O ganho de peso foi causado pela ausência de gravidade, pelo sedentarismo, pelo excesso de comida pastosa e, no seu caso, pela ingestão do cérebro e intestino do Camundongo 51. Assim como os demais cosmonautas, também voltou letárgico. "O exame no local de pouso revelou um sério comprometimento da função motora", escreveu Andrievskiy no estudo de 2014. "Os camundongos não conseguiam manter a postura; suas patas estavam posicionadas mais para os lados, e não diretamente sob o tronco. Não se mexiam, mesmo quando instigados." A atividade motora seria recuperada seis horas depois.

A partir da chegada, cada minuto na Terra passou a representar um minuto a menos de informações sobre os efeitos do espaço. Terminados a contagem e os testes iniciais, Andrievskiy correu com os camundongos para o helicóptero e voou para o Cosmódromo de Baikonur. De lá, ele e os dezesseis sobreviventes pegaram um avião militar com destino a Moscou. Do aeroporto, uma ambulância, para cortar o engarrafamento moscovita de fim de tarde. "Parecia um filme de Hollywood", lembrou.

Os roedores foram então separados. Onze permaneceram no IMBP para serem mortos e necropsiados. Outros cinco — entre eles, Major Tom — continuaram na ambulância, que seguiu com Andrievskiy para outro instituto, onde os animais repetiriam os testes que os qualificaram para ir ao espaço. Uma semana depois, também seriam eutanasiados. Andrievskiy foi voto vencido na ideia de resguardar alguns cosmonautas: "Tive que aceitar o que a maioria dos cientistas queria, mas não quis participar. Me sentia íntimo daqueles animais".

Era o fim de uma trajetória gloriosa. Seis meses haviam passado desde que Major Tom nascera num laboratório, enfrentara uma cirurgia cardíaca, suportara o treinamento físico, adaptara-se à ração pastosa, aprendera a voar e voltara do espaço para contar, com seu corpo, quão difícil é a vida lá fora. Num domingo, 26 de maio de 2013, ele teve o pescoço quebrado por deslocamento cervical. Depois, foi decapitado.

O momento em que um camundongo morre é, também, o momento em que conclusões científicas começam a nascer. Como planejado, Major Tom teve seus órgãos dissecados e divididos entre especialistas de seis países, resultando em setenta estudos. Seu cérebro foi fatiado em partes menores — córtex frontal, córtex visual, hipotálamo, hipocampo, corpo estriado e substância negra —, algumas das quais foram enviadas para Vladimir Naumenko, pesquisador do Instituto Russo de Citologia e Genética.

Num estudo publicado em 2014, Naumenko concluiu que o "voo espacial diminuiu a expressão de genes importantes envolvidos na síntese da dopamina". A redução, além de enfraquecer a musculatura, pode provocar doenças como Parkinson, Alzheimer, esquizofrenia e depressão. "Nós queríamos saber quais genes eram mais afetados no espaço", ele me disse, por e-mail. "Esses estudos são necessários para encontrar os marcadores de risco e entender que dificuldades esperar." Humanos, numa hipotética viagem a Marte, provavelmente tomarão antidepressivos para que o nível de dopamina permaneça controlado.

Outros estudos com camundongos analisaram os efeitos da falta de gravidade no esperma, na medula óssea e nos receptores de insulina. Os caracóis foram usados em pesquisas sobre o equilíbrio do corpo. Lagartos, que podem agarrar-se a qualquer superfície, serviram para a análise do sistema muscular.

Andrievskiy não participou dessas experiências. Já trabalhava, então, com outro grupo de camundongos — aquele que permanecera em Moscou para servir de controle ao grupo dos cosmonautas. Tudo recomeçou do zero. Ele escolheu 45 roedores que foram colocados, em trios, no mesmo aparato usado no espaço. Durante o mês seguinte, os animais não veriam a luz do sol, não se exercitariam e não comeriam ração seca. Para efeito de comparação, as condições simulariam as mesmas enfrentadas por Major Tom, salvo pelo detalhe — fundamental — de que tudo seria vivido sob os efeitos normais de radiação e gravidade.

Nenhum camundongo desse grupo seria apelidado.

DAS ARTES

O cantor

Sporophila angolensis

O sol ainda nascia quando Adevaldo Castilho chegou à Associação Desportiva da Polícia Militar, em Juiz de Fora. Parou a caminhonete sob a copa de uma árvore e abriu o porta-malas espaçoso, no qual transportava dez gaiolas, cobertas com capas de pano. Desvelou uma delas, feita de madeira laqueada, lar do curió Máquina Viva. "Vou limpar a gaiola desse porco aqui", comentou, enquanto retirava sementes e dejetos acumulados na base. Jogou a sujeira de lado e dirigiu a palavra ao pássaro: "Fica aí, comendo um pouco de navalha. Depois *nóis vem* pegar você". Fechou o porta-malas.

Era um domingo, 25 de outubro de 2015, data em que ocorreria a quarta etapa do Campeonato Nacional de Fibra de Curió. Castilho usava bermuda, sapatênis de cadarço vermelho e uma camisa polo que trazia estampado o nome de uma sociedade de criadores de pássaros. Deixara a cidade de Rondonópolis, no Mato Grosso, três dias antes, percorrendo 1600 quilômetros para garantir que Máquina Viva se mantivesse na dianteira do campeonato. Ao chegar à Associação Desportiva da Polícia Militar — onde ocorreria o embate —, animou-se com um início de garoa: "Coisa boa. Chuva é sempre bem-vinda. Passarinho gosta".

Entrou numa fila para apresentar a documentação exigida pelo Ibama. Cumprimentou conhecidos e passou reto por um cartaz que anunciava o sorteio de uma garrafa de uísque. Com a papelada já devidamente checada, pegou a gaiola de Máquina Viva — sempre transportada na companhia da casinhola de sua fêmea, Samantha — e adentrou a quadra poliesportiva da associação. O curió ficaria na estaca de número 29, entre os pássaros Rei do Vale e Zero Dezoito. Seu principal concorrente, Lothar — àquela altura o segundo colocado no campeonato —, ficaria a algumas gaiolas de distância.

Castilho pôs a gaiola no chão, diante da estaca — movimento que seria feito por todos os trezentos proprietários, com suas trezentas gaiolas contendo trezentos passarinhos de espécies variadas. Ao aviso de que faltavam cinco minutos para o início do evento, tratou de erguê-la com as duas mãos, admirá-la e, depois de uma breve pausa, pendurá-la no pedaço de ferro. "*Bora*, bebê, chegou o dia da competição", disse ao pássaro.

O curió é uma ave pequena, de treze centímetros, cuja plumagem, insossa, varia entre o pardo (no caso da fêmea) e o preto com castanho-avermelhado (no caso do macho). Na natureza, tende a levar uma vida solitária, em brejos, à base de semente de tiririca e capim-navalha. Ocupa uma área que vai da Venezuela ao sul do Brasil, passando por Colômbia, Equador, Peru e parte do Paraguai. Não corre risco de extinção.

Para além da coloração, macho e fêmea de curió apresentam outra importante disparidade: a fêmea, quando muito, pia; o macho se esgoela como Kurt Cobain no auge do Nirvana. O ornitólogo Luiz Pedreira Gonzaga, especialista em bioacústica pela Universidade Federal do Rio de Janeiro, explica que o canto é uma característica sexual secundária — como a barba no homem — que surge com a chegada da puberdade. Ou seja: o pássaro, não importa qual seja o sexo, permanece calado na infância.

À luz desse fato, Gonzaga sugere que, num passado remoto, macho e fêmea de curió — ou das espécies que levaram ao curió — não cantavam necessariamente. A igualdade mais tarde exigiria que um dos sexos inventasse um mecanismo de sedução. Como a fêmea costuma depositar energia na produção do óvulo, no trabalho de chocar o ovo e na criação do filhote, a obrigação do galanteio acabou recaindo sobre o macho, como tende a ser regra entre as aves.

Tal processo, batizado pelo naturalista inglês Charles Darwin de seleção sexual, também resultaria na cauda espalhafatosa do pavão, na juba peluda do leão, ou no bíceps de 45 centímetros de Thor Batista. Por pertencer à ordem dos passeriformes — grupo de pássaros que têm o órgão vocal extremamente desenvolvido —, a energia do curió acabou sendo empregada no canto. Um macho piou. Um segundo piou duas vezes. O terceiro piou três, o quarto piou quatro, e assim por diante, ao longo de milhões e milhões de anos. A competição fez surgir um canto melodioso, rico em frequências, dinâmicas e notas.

Há hoje, no Brasil, 128 cantos de curió catalogados, fora centenas de outros ainda desconhecidos, entoados por animais que vivem no mato. Os cantos têm nomes: Vivi-tetéu, Vovô-viu, Paracambi, Praia Grande — e variam de acordo com a região, como se fossem sotaques. Servem para seduzir a fêmea, demarcar território e (cereja do bolo) prevenir a altercação entre machos. "O confronto físico é sempre a última opção, na natureza", explicou-me Luís Fábio Silveira, curador das Coleções Ornitológicas do Museu de Zoologia da Universidade de São Paulo. "É assim com os chifres do veado, que o protegem de predadores, mas também intimidam outros machos. Já as aves evoluíram para que o canto fosse o mediador do conflito." O canto do curió, portanto, está mais para grito de guerra do que para ária de Villa-Lobos.

Num artigo publicado em novembro de 2014 na revista *Passarinheiros e Cia*, o criador Aloisio Tostes — referência na área — escreveu que o curió "é por excelência um pássaro de instinto belicoso, territorialista, monogâmico", e que, para o macho, "a fêmea e os filhotes são seu patrimônio".

É por isso que Máquina Viva roda o país dentro de uma gaiola, com Samantha a tiracolo, desafiando os semelhantes.

No Brasil, existem duas modalidades de competição de curió. A mais erudita, por assim dizer, é a categoria "Canto".

Nela, o pássaro se apresenta individualmente, ao longo de cinco minutos, sob o olhar de dois juízes que lhe avaliam o timbre da voz, a evolução da melodia e a métrica das notas. No canto do tipo Praia Grande Clássico — o mais comum dentre os 128 catalogados —, o curió é obrigado a pronunciar "Ti tu-í, té-té, quim-quim tói, té-té, tué-tué,/ Quim-quim, té-té, uil-uil, té-té, quim-quim tói, té-té, tué-tué" com a precisão de uma partita de Bach. Um canto perfeito costuma ser ovacionado com gritos de "Bravo!". Um "té-té" no lugar do "tué-tué" é o fracasso.

Campeonatos de canto Praia Grande são regionais e ocorrem a cada quinze dias em cidades do Rio de Janeiro, Santa Catarina e São Paulo. Depois de cinco meses, os melhores pássaros de cada federação se encontram num fim de semana, em meados de dezembro, para o Torneio dos Campeões. Premia-se em dinheiro o primeiro colocado.

"Canto é um concerto de música clássica; tem que ter silêncio absoluto", explicou-me Fernando Chaves, cujo curió, Carbono, foi campeão carioca de canto em 2014. Para a segunda modalidade — a disputa de fibra, da qual participa Máquina Viva —, ele reserva vocabulário mais mundano: "É banda de rock, UFC, porradaria, submissão, imposição de território". A diferença se faz sentir também nos nomes. Alcunha de curió de canto, em geral, parece saída de poema parnasiano: Arco-Íris, Dengoso, Flautinha, Flor do Dia, Prelúdio, Ouro em Pó, Diamante. Nome de curió de fibra está mais para apelido de traficante: Bancário, Cueca, Combate, Comandante, Chifrudo, Presidente, Striptease, Tufão. A exemplo dos pássaros, os proprietários das duas modalidades não se bicam.

A categoria "Fibra" é a que move as massas de homens entre a terceira e a nona década de idade. Nela, dezenas de gaiolas são penduradas em estacas de 1,5 metro de altura, organizadas lado a lado, em roda, com a distância de um palmo entre uma e outra. Os pássaros assim permanecem por três horas — algo como a partida preliminar, em que os mais fracos são retirados pelos próprios donos à medida que param de cantar (a desistência é vexatória, mas previne o vexame maior de insistir e acabar vendo o bicho desfalecido, por não aguentar tanto esforço).

É só então que os remanescentes, fortes de espírito, passam a ter o canto computado. Um avaliador se coloca diante de uma gaiola e, com um cronômetro em mãos, passa a marcar quanto o pássaro canta num intervalo delimitado (a semifinal dura dez minutos; a final, quinze). O vencedor da etapa ganha trinta pontos. O segundo colocado, 29; o terceiro, 28 — e assim por diante, até o trigésimo lugar. Não importam a nota, a melodia, o andamento, a repetição, a métrica, a altura, o intervalo, o timbre, o "té-té", o "tué-tué" ou nenhum outro detalhe. O passarinho canta um pouco. Para. O tempo do trinado é cronometrado. Volta a cantar e volta a contabilizar. Assim até o limite de dez ou quinze minutos. Ganha aquele que soma mais minutos cantados — e ponto final.

Num estudo publicado em 2008, a antropóloga Flávia de Mattos Motta, professora da Universidade do Estado de Santa Catarina, analisou o campeonato de fibra de Florianópolis (a atividade é tão presente na capital catarinense que existe um local voltado unicamente às disputas, o Curiódromo da Ilha). "A identidade entre homem e curió é inequívoca", ela escreveu. "O curió-valente, preparado para torneios de fibra, incorpora atributos de masculinidade extremamente valorizados nesse contexto: valentia, fibra, poder e capacidade de enfrentamento e intimidação." Evocando o exemplo das rinhas de galo, sugeriu que "também nos torneios de curió são os homens que se defrontam". O desempenho do pássaro, concluiu, "repercute sobre a identidade e — particularmente — sobre a masculinidade do próprio dono".

Para Castilho, no entanto, a explicação é mais simples: "Isso é uma cachaça".

*　*　*

O Campeonato Nacional de Fibra é organizado pela Confederação Brasileira dos Criadores de Pássaros Nativos, a Cobrap. Ocorre de agosto a dezembro, em cidades de São Paulo, Minas Gerais, Goiás e Mato Grosso do Sul. O criador que almeja o ouro deve dispor de tempo e dinheiro para levar seu curió (e a respectiva fêmea) de carro para todas as localidades. Por morar no Mato Grosso — estado que nem sequer integra a lista de etapas —, Adevaldo Castilho costuma se definir como o criador que mais investe no campeonato. "Só de petróleo gastei uns 1500 contos para chegar aqui", contou-me quando o encontrei em Juiz de Fora. Em 2014, ano em que Máquina Viva foi campeão, sem que no entanto recebesse qualquer prêmio em dinheiro, "foram 22 mil reais", ele disse.

Com o curió devidamente alocado na estaca, Castilho deixou o ginásio. O lado de fora lembrava uma feira, com barracas vendendo gaiolas, ração e discos de pássaros laureados (*O canto do curió Cyborg*, *O canto do curió Ana Dias*, *O canto do bicudo Black Bill*). Havia também um estande do Criadouro Realengo, de Goiânia, que negociava machos de curió por 2 mil reais e de bicudo por três vezes mais.

Castilho parou numa barraca de comida, lotada, que oferecia pão com carne às nove da manhã. "Cerveja?", perguntou a vendedora. "Não, depois vou pegar a estrada", explicou, recusando a oferta. "Ah, na companhia de Deus então", a moça disse. "Claro! Ele me acompanha o tempo todo, a cada curva", respondeu, animado. Comeu o sanduíche e foi observar o curió Picasso Filho e os bicudos Caipira e Coliseu — cantores de menor importância, que ele também havia trazido no bagageiro do carro (cada inscrição custa cinquenta reais).

O torneio daquele domingo também contava com bicudos,

coleiros e trinca-ferros — pássaros com algum grau de parentesco com o curió. Cada qual disputava em sua respectiva categoria, mas todos ao mesmo tempo, no mesmo espaço, como se AC/DC, Led Zeppelin, Black Sabbath e Tetê Espíndola cantassem quatro músicas, simultaneamente, em um só palco. O resultado — uma algazarra aguda, uniforme e contínua — era extremamente desconfortável. O ornitólogo Luís Fábio Silveira diz que os animais ficam estressados nessas competições, mas não a ponto de que a prática configure maus-tratos: "Você anda no Jardim Botânico, no Rio, e ouve os passarinhos disputando território. É assim na natureza".

Às 11h20 começou a marcação do tempo. Na falta de juízes em número suficiente, os próprios criadores se encarregaram de cronometrar uns aos outros. De forma aleatória, Castilho distribuiu os aparelhos — que lembram uma máquina de cartão de crédito, mas com uma luz vermelha, na ponta, que dispara cada vez que o tempo é marcado. Encarregou-se de cronometrar a performance do curió Dalai Lama e incumbiu seu amigo Fernando Mosquim, dono do curió Harmonia, de marcar Máquina Viva. Durante os quinze minutos seguintes, os homens permaneceram inertes, de cronômetro na mão, olhando fixo para a gaiola qual adolescentes numa corrida de autorama.

Deu-se o apito final. O criador Cícero Cavalcanti, dono do curió Confusão, explodiu para cima de Fernando Mosquim, a quem acusou, aos berros, de favorecer Máquina Viva: "Você sabe o que você fez, Fernando! Não tirou o dedo quando o bicho parou de cantar! Estou cansado desse seu jogo com o Castilho!". Mosquim se defendeu, também alterado: "Meu pai me ensinou a ser homem!". Um espectador que acompanhara a cronometragem interveio em sua defesa, acalmando os ânimos. Castilho manteve distância.

Dali a cinco minutos, um juiz anunciaria os resultados. Lothar ficaria em primeiro, cantando mais de dez minutos. Dalai Lama seria o segundo. Máquina Viva, que vinha de três vitórias seguidas — em Ribeirão Preto, Contagem e Campo Grande —, teria de se contentar com a quinta colocação em Juiz de Fora. "Competição é isso mesmo, meu irmão. Ainda estamos na frente no campeonato", ponderou Castilho, um pouco decepcionado. Levou o passarinho de volta ao carro e tocou para Rondonópolis.

Adevaldo Castilho é um homem magro e calvo de 55 anos, que estudou até a quarta série do ensino fundamental. Nasceu em Nhandeara, município paulista de 11 mil habitantes, de onde guarda o sotaque interiorano ("falta" é *farta*, "mulher" é *muié*, "bom" é *bão*). Foi criado pela mãe, trabalhou na roça catando algodão e diz ter sofrido "que nem sovaco de aleijado". Teve três filhas no casamento e mais uma dupla da época em que era solteiro.

Fez bico em bar e padaria, até que, adulto, comprou um pequeno caminhão. Levava semente de capim para o Norte e, na volta, trazia madeira para revender em São Paulo. Ganhou algum dinheiro, chegou a comprar uma segunda carreta. "Era um caminhãozinho *bão*, da Mercedes", lembrou, saudoso. "Tinha *pneuzada* Michelin, tudo calota nas *roda*, bunda pra cima, carroceria Facchini. Todo mundo babava."

Aos quarenta anos, mudou-se com a família para Rondonópolis, cidade de 200 mil habitantes no sul do Mato Grosso. O convite viera do seu irmão, José Castilho, que começara a vida como leiteiro, mas depois vendera as vacas, o trator e o sítio para abrir uma funerária. "Eu precisava de uma cidade maior para as crianças", justificou Adevaldo. Abriu mão do caminhão e dos quarenta canários que criava por hobby em Nhandeara, associando-se ao irmão para fundar um plano de saúde popular.

"Fiquei tocando o plano. A parte de defunto continuou com o meu irmão", explicou.

Foi também nesse período que se tornou passarinheiro profissional. José Castilho era dono de um criatório, o Três Poderes, onde chegou a ter 386 bicudos e curiós. Com a chegada de Adevaldo, decidiu se dedicar apenas ao bicudo — pássaro maior, mais vistoso e bem mais cobiçado no mercado aviário. Acabou deixando a criação de curió, assim, a cargo do irmão. "Eu criava canário e azulão desde moleque, em gaiolinha de bambu", explicou Adevaldo. "Mas com curió foi uma paixão. Com sessenta dias de vida, você já vê o passarinho cantando."

Em 2009, Adevaldo Castilho encarou o primeiro campeonato: o curió se chamava Atrevido, ficou em quarto lugar numa disputa em Primavera do Leste, cidade do Mato Grosso. Depois vieram uma ou outra taça com o Sombra, o Pepe e o Portinari. Em 2010, foi vice-campeão nacional com o curió Beethoven. "Comprei por 35 mil, vendi por 80 mil reais", contou. Em 2014, Máquina Viva o fez chegar, afinal, ao topo do pódio.

Hoje Castilho tem caminhonete importada e casa própria, bem cuidada, próxima da funerária. Segue a doutrina kardecista, fato evidenciado pelas imagens de Alan Kardec, Chico Xavier, Bezerra de Menezes e Jesus Cristo pregadas na parede da sala. A mulher, Marlucia Teixeira Castilho — que aos doze anos trabalhava como empregada doméstica —, acaba de completar a segunda faculdade, em psicologia. Ela diz ter implicado muito com o que chamou de "dependência" do marido, a ponto de exigir que ele vendesse a coleção de pássaros. "Ele até achou comprador, mas aí pensei: 'E depois vai fazer o quê?'", contou. Acabou desistindo. "E foi a melhor escolha", prosseguiu. "O Adevaldo é uma pessoa ansiosa, e o trabalho com os passarinhos, que é minucioso, o acalma. Entendo como um processo terapêutico, em que ele desestressa, gasta as energias."

Castilho cuida de uma centena de curiós. Deles, apenas Máquina Viva e Samantha têm o direito de pernoitar dentro de casa. Dormem na cozinha, sobre a geladeira, ou na despensa, em cima do armário. Quando cai a madrugada, morador nenhum da casa pode acender a luz, para não atrapalhar o sono dos pássaros. "Não deixo o Máquina sozinho. Pra onde eu vou, levo ele", justifica. "O bicho escuta a minha voz e começa a cantar. Ele tem duas *muié*, a Samantha e eu."

Numa quinta-feira, em meados de novembro, visitei Castilho em Rondonópolis. Ele usava seu uniforme básico: mocassim, bermuda jeans e camiseta (de estampa rosa, com a frase "I love Rio"). Era cedo; acabara de pendurar as gaiolas de Máquina Viva, Picasso Filho e Baraúna Filho do lado de fora da funerária. Havia um quarto curió, ainda filhote, em quem ele pretende apostar em 2016. "É o Brinquedo", apontou. "*Tá* trocando o bico. Dei um pouco de Cataflam no capim-navalha para anestesiar a dor."

Passou por um estoque com mais de cem caixões e foi para o terceiro andar, onde cria os curiós. "Essa fêmea aqui é a Malibu, a mãe do Máquina", mostrou, garboso. "E essa é a Malu 47. *Tá* fazendo um ninho bonito, ó." Seguiu passando em frente aos curiós Mortadela, Procurado, Montana e Bruce Lee, depois parou diante de um passarinho doente, ainda sem nome. "*Tá* com a barriga inchada. Vou até pegar ele pra dar um remédio", explicou, enquanto tirava o bichinho da gaiola e lhe abria o bico. "Abre a boca, rapaz! Engole!", ordenou. Para ajudá-lo a deglutir a pílula, passou água no dedo e deixou pingar no bico aberto.

"Você já viu passarinho galar fêmea?", perguntou em seguida, com ar de criança. Abriu a passagem entre duas gaiolas — a do macho Bugrão 148 e a da fêmea Veroninha 80. Nenhum dos dois mostrou interesse. "*Tá* uma época difícil", desconversou.

"Muito calor, pouca chuva... Eles galam, mas não fecunda."
Ainda assim, elogiou uma fêmea sem nome, cuja gaiola era colada à do macho Sentinela Filho. "Ó que graça. Arrancou as *pena* tudo. *Tá* excitada, doida pra dar."

Desceu para mostrar a funerária — que também serve de sede ao plano de saúde. Levou-me à principal sala de velório, que tem luz verde no teto e câmera conectada à internet para transmitir a cerimônia on-line. Mostrou-me um botão: "Você aperta, a porta abre e entra a urna com o ente querido na sala. A porta depois fecha, e cai uma chuva de pétalas de rosa". Ele e o irmão cobram de oitocentos reais a 20 mil reais pelo serviço (caixão incluído).

José Castilho estava no terraço, preenchendo um diagrama de palavras cruzadas. Ele tem um biotipo que costuma ser regra entre criadores de pássaros: é baixo, largo e dono de uma barriga sólida, imponente, que se apresenta ao mundo vinte centímetros antes do resto do corpo. Usa colar e pulseira de ouro, abre a camisa abaixo do peito, conta piada de temática homossexual. Cria chihuahuas (tem três: Princesa, Potrica e Sultão).

Os dois tomaram café, e Adevaldo seguiu para o escritório, onde havia uma cabeça empalhada de cabra e um porta-caneta em formato de caixão. Na companhia de um assistente, passou a checar a lista de curiós, número por número, para dar baixa nos que haviam morrido ou sido transferidos.

"O 662 317?", perguntou o auxiliar.

"*Tá* aqui", respondeu Castilho.

"O 662 422?"

"Também", disse o criador.

"A 599 896?"

"*Tá* na minha relação. É a fêmea do Máquina."

O telefone tocou. "Ô, *mermão*!", respondeu. "*Tô* conferindo passarinho por passarinho, porque o Ibama *tá* na Barra [do

Garças, cidade do Mato Grosso]. *Tão* metendo o ferro, já multaram em 8 mil reais." Ao desligar, comentou: "Eles querem mandar bala pra você fechar. É uma praga, um câncer".

A captura de pássaros no Brasil correu a torto e a direito desde a chegada dos portugueses. "Animais engaiolados eram um troféu na era das navegações", lembrou Miguel Bernardino dos Santos, analista ambiental do Ibama. "Representavam o raro, o exótico, aquilo que não podia ser comprado." A prática, que perduraria até o século xx, só começaria a mudar em 1998, com a aprovação da Lei de Crimes Ambientais, que proibiu "matar, perseguir, caçar, apanhar e utilizar" animais silvestres sem a permissão do Ibama.

A partir de então, ficou estabelecido que apenas pássaros nascidos em cativeiro poderiam ser registrados. Mais do que coibir a caça, no entanto, a lei jogou milhares de curiós na ilegalidade. "No Sudeste, os bichos até nascem em cativeiro; mas, na região Norte, muitos ainda são capturados", explicou-me Roberto Cabral, chefe de fiscalização do Ibama. "Esses animais são 'esquentados' para que possam participar de torneios."

A prática funciona da seguinte forma: um criador informa ao Ibama que um número x de curiós nasceu em seu cativeiro (sem que tenha nascido); recebe então um número x de anilhas — a carteira de identidade da ave, que deve ser colocada em sua perna nos primeiros dias de vida. "Uma máquina aumenta o diâmetro da anilha, para que ela entre na perna do animal adulto, que foi capturado", continuou Cabral. "Metade dos curiós registrados como nascidos em cativeiro ainda tem origem na natureza." (Em 2013, o criador Mauro Gilberto Franco Marques, então presidente da Cobrap, foi multado em 280 mil reais por falsificação de anilha, posse de ave não documentada e registro de animal que não estava no local. Ele abriu duas ações contra o Ibama na Justiça Federal de Brasília. Alega que a medição das anilhas foi feita de forma inadequada e que os animais ausentes haviam morrido devido a uma doença. As ações ainda não foram julgadas.)

Dos 25 mil pássaros apreendidos pelo Ibama em 2010, cerca de 3500 eram curiós. Foi a segunda ave mais traficada no país, atrás apenas do canário-da-terra. A partir de 2011, quando foi sancionada a lei complementar n. 140, o controle da fauna passou aos estados. Houve vantagens, pois o Ibama não tinha fiscais suficientes para trabalhar em todo o país. Mas houve também um retrocesso político: "Os criadores têm conseguido chegar às assembleias legislativas de uma forma muito mais ágil", explicou Cabral.

Em 2015, o deputado distrital Wellington Luiz, do PMDB, apresentou um projeto de lei sobre a criação de aves no Distrito Federal. Propunha que a fiscalização fosse feita sob agendamento e que, durante o ato, os agentes não pudessem manusear os animais. Um parecer do Instituto do Meio Ambiente e dos Recursos Hídricos do Distrito Federal apontou que 75,3% do que era proposto facilitava "a execução de atividades que podem camuflar o tráfico". O projeto foi aprovado. "A gente recuou na proteção da fauna uns quinze, vinte anos", lamentou Cabral. (No Congresso Nacional, a classe é representada pelos deputados Nelson Marquezelli, do PTB de São Paulo, e Valdir Colatto, do PMDB de Santa Catarina, que comandam a bancada Eco-Passarinheira.)

O Brasil tem hoje 74 criadouros comerciais e 123 mil criadouros amadores de curiós. Criadouros comerciais têm autorização para vender os animais; os amadores, como o de Castilho, só podem permutar. Ainda assim, as negociações correm soltas durante os campeonatos. Um curió, não raro, ultrapassa o valor de 100 mil reais. Sebastião Farias, vice-presidente da Cobrap, diz que o preço é especulativo, para que um criador possa valorar seu animal (de forma que troque um bicho avaliado em 50 mil reais por cinco que valem 10 mil, por exemplo): "Permuta eu vejo muito, caso contrário, não tem melhoramento genético. Mas dinheiro, não".

Roberto Cabral discorda: "De amadora, a criação não tem nada. Esses criadores ganham muito dinheiro à margem do sistema tributário".

Na madrugada de quinta para sexta-feira, 20 de novembro, Castilho deixou Rondonópolis, dessa vez rumo a Anápolis, em Goiás, onde ocorreria a sexta etapa do campeonato. Encontrei-o às 4h50 na funerária. "*Tô* acordado desde 2h30", contou, enquanto colocava seis gaiolas no porta-malas e no banco de trás do carro. Acendeu duas lâmpadas de luz fria para iluminá-las durante a viagem. "Assim o passarinho não se perde do poleiro", explicou.

Passamos em frente a uma boate. "Meu amigo, olha lá a *muiezada*", comentou animado. Já na estrada, apontou para uma ocupação de trabalhadores sem-terra: "Ó *os* pessoal do PT". Ao atravessar um trecho sinuoso, relembrou a vida de caminhoneiro: "Essa serra aqui já matou muita gente, *fio*. Eu tinha um punhado de *amigo*: o Nivaldo, o João, o Juscelino. Morreu quase tudo de acidente".

Palestrou por uma hora sobre a doutrina kardecista, contando como uma vida virtuosa leva a uma reencarnação privilegiada — e como o oposto deságua em penitência à alma. "Por que você acha que o sujeito nasce na Etiópia?", questionou, exemplificando a tese. Perguntei-lhe se engaiolar pássaro não poderia gerar o mesmo tipo de castigo. "Passarinho não conta", desconversou.

Chamou atenção para um diálogo entre Máquina Viva e Samantha: "Ó a fêmea pedindo gala. Ó como ele pia e ela responde". Pôs-se a falar do curió. Duas semanas antes, Máquina Viva voltara a ganhar uma etapa do campeonato nacional em Santo André, município da Grande São Paulo. Castilho também o levara a uma disputa regional, em Rio Verde de Mato Grosso, "só pra dar ritmo no curió". Contou que o bicho, nascido em dezembro de 2011, começara a carreira num terreno baldio, na esquina da funerária. "É onde o pessoal leva os passarinhos pra treinar."

A estreia oficial foi em agosto de 2014, na abertura do campeonato nacional, em Campo Grande. "Tinha mais de cem curiós, ele ficou em primeiro lugar", relembrou. Dois meses depois, na véspera de uma etapa em Goiânia, sua fêmea, Malu 32, foi devorada por um gavião sob o olhar assustado do pássaro. "Deixei os dois pegando sol na varanda do hotel", relembrou Castilho. "Quando voltei, a gaiola da Malu estava arrebentada. Só ficou a cabeça dela." Deu graças a Deus pelo curió devorado não ter sido o macho — e, como o show não pode parar, tratou de pareá-lo às pressas com Manuelina Neta, que até então acompanhava outro pássaro. Naquele fim de semana, Máquina Viva teve o pior desempenho de sua vida. Ficou em 13º lugar.

Em dezembro de 2014, após sagrar-se campeão do torneio nacional, o curió recebeu como prêmio a perda da virgindade. Cruzou com uma fêmea que nunca vira, chamada Bafana. "O filho deles é arisco. Não sei se vai cantar bem, mas genética tem", diz Castilho. Foi posto, depois, em companhia de sua atual consorte, Samantha. Vivem em gaiolas contíguas. A dele, de madeira fina, adornada com miniaturas de curió em aço, custou 1200 reais. A dela, de madeira mambembe, ficou por um quinto do valor. O casal passa a vida colado, fitando-se um ao outro, como Romeu e Julieta durante o baile — sem jamais, no entanto, cruzar as grades. "Curió quando gala perde o interesse na fêmea", justificou Castilho. "E é a fêmea que deixa o passarinho pronto. O bicho vai pra roda pra defender ela."

No fim da tarde de sexta, percorridos oitocentos quilômetros de estrada, chegamos a Anápolis — terra do curió Lothar, que ocupava o segundo lugar no campeonato nacional. No domingo, Máquina Viva foi levado a um ginásio com mais de cem machos. Havia um Tonelada, um Porrete, um Pesadelo, um Massacre, dois Loco Abreus e, claro, o desafiante, Lothar.

"*Vamo*, Máquina! Sobe, Máquina! *Vamo*, rapaz! *Vamo*, *vamo*, *vamo*!", gritava Castilho durante o embate. "*Bora*, retomada. Retoma o canto, rapaz! *Bora*, rapaz! *Tá* olhando o quê? O quê? Dá outra dessas, bebezinho! Abre o bico, rapaz!" O curió alcançaria apenas o sétimo lugar. Para sua sorte, Lothar ficaria em sexto.

"Meu bebê, como você faz isso comigo?", suplicou Castilho, diante do resultado. "Mas *tá bão*, perdeu um ponto só, ainda tem oito de vantagem. *Vamo* recuperar em Ribeirão."

Curiós passam metade do ano em muda de penas (período em que permanecem calados, se aprumando para a cópula) e a outra metade à procura de fêmeas, esgoelando-se — é nessa época, que vai de agosto a dezembro, que ocorrem as competições de fibra e canto.

Em meados de dezembro de 2015, uma fazenda num subúrbio do Rio de Janeiro serviu de sede ao Torneio dos Campeões, a final nacional do campeonato de canto. Havia cinquenta curiós, nove juízes vestidos de preto e duas câmeras apontadas para uma única estaca — onde cada pássaro tinha cinco minutos para se apresentar. Foi pedido aos participantes que desligassem os telefones.

O ambiente era bastante diferente do que se vê (e se ouve) nos torneios de fibra. As conversas, em tom comedido, versavam sobre andamento, dinâmica, respiração, problemas nas notas. Por volta das 8h30, quando o curió Sinatra Jr. findou sua performance — colhendo uma salva de palmas —, seu criador, Raphael Almeida do Amaral, ficou com os olhos marejados. "Marmanjo desse tamanho chorando", comentou sobre si mesmo, enquanto era cumprimentado. O campeão da categoria "Curió Preto com Repetição" — a que exige mais erudição do pássaro — foi Guga Filho, do empresário paulista Luiz Carlos Escalante. Aflito, o empresário de 64 anos preferiu passar os cinco minutos da apresentação longe dali, trancado no carro. Pela conquista, ganharia 22 mil reais.

Cinco dias depois da vitória, visitei Escalante na sede da sua empresa, que vende ferro e aço na cidade de São Paulo. Recebeu-me de chinelo, bermuda e camiseta regata numa sala com cerca de vinte troféus conquistados por seus pássaros. Guga Filho cantava sozinho, numa gaiola de madeira discreta, na sala ao lado. "Ó o Guga cantando. Ó a batida descendente", apontou, enquanto se sentava.

Pedi que me contasse sua história. Assim como Castilho, Escalante estudou até a quarta série do fundamental. Catou lata na rua, fez bico num bar e foi contratado, aos catorze anos, como ajudante-geral numa indústria de para-choques. Dez anos depois, abriria seu próprio negócio, que hoje tem 35 funcionários.

Começou a criar passarinho na adolescência, mas foi em 1994, quando tinha 43 anos, que o curió Curumim do Vale lhe deu o primeiro título de peso (do Campeonato Brasileiro de Canto, que, apesar do nome, é disputado apenas em São Paulo). Em 2006 veio o segundo troféu, com o Luau do Vale; em 2015, a sagração máxima, com Guga Filho vencendo o Brasileiro e o Torneio dos Campeões.

Comprou Guga Filho em novembro de 2014, de um criador amador, por 50 mil reais. O pássaro tinha dois anos; fora criado sob a tutela musical dos curiós Ana Dias e Cyborg, então já falecidos (a categoria "Canto" movimenta uma pequena indústria fonográfica, com a gravação de pássaros lendários). Sob a guarda de Escalante, Guga Filho passou a ouvir um disco com o canto do curió Luau do Vale. "As notas são iguais", explicou. "O que muda é a entonação, o andamento, a voz nasalada."

Para que aprenda à perfeição, um curió de canto tende a ser instruído desde cedo por gravações de pássaros lendários — que são repetidas de hora em hora, num aparelho de som, para que o pupilo não entoe uma única nota fora da norma.

Já para o curió de fibra, o sucesso depende de um único elemento: a fêmea. No artigo publicado na revista *Passarinheiros e Cia*, Aloisio Tostes enumerou os passos necessários para a aproximação do casal. De início, escreveu, a fêmea deve ficar a dois metros de distância, sem contato visual, para que reconheça o macho pela voz. "Em seguida, através de um buraco de cinco centímetros no centro do separador, deixe que eles se vejam pela primeira vez, sempre cada um em sua gaiola. Se a reação do macho for estourar, galanteando a fêmea, é um bom sinal; demonstra que, à primeira vista, ele gostou dela."

A fêmea, claro, também precisa se enamorar do varão. "Os dois terão que se amar, e assim irão, daí para a frente, iniciar a troca de sinais de carinho que vão se intensificando com o passar do tempo", continuou Tostes, no texto. "Pássaro bom, valente, de boa genética, satisfeito com sua fêmea, é a segurança de bons resultados."

No domingo, 20 de dezembro, Adevaldo Castilho voltou a repetir seu ritual dos dias de competição. Acordou às cinco horas, colocou Máquina Viva no porta-malas do carro, deixou o hotel em que se hospedara, chegou cedo ao local da disputa, estacionou debaixo de uma árvore. Estava com a esposa, Marlucia, e o irmão, José — que o haviam acompanhado a Ribeirão Preto, onde ocorreria a última etapa do campeonato nacional. Máquina Viva tinha oito pontos a mais que Lothar.

"Pra mim não importa se ele vai ficar em primeiro hoje. Quero que saia campeão", contou Castilho, animado, enquanto limpava a gaiola do pássaro. Na semana anterior, regalara o bicho com cinco galadas. "Foi pra segurar a muda de pena e dar uma animada. Você, quando faz amor, não anima?", perguntou, sorrindo. "Passei ele só em fêmea top. Na Malu 37, na Malu 08, na Malu 680, na Malibu Filha e na mãe dele, a Malibu" (o incesto é comum em animais de raça; Máquina Viva, por exemplo, é neto e bisneto do mesmo pássaro). Samantha acompanhou a orgia à distância, engaiolada.

Pegou a gaiola com o braço direito e deu o esquerdo a Marlucia, que o acompanhou, qual primeira-dama, à estaca sorteada. Colocou Máquina Viva entre os curiós Cambaratiba ("É daqui de Ribeirão") e Confusão ("Esse eu sei que é bom"). Respirou fundo e, com a voz serena, rogou ao pássaro: "*Bora*, meu rei, chegou a hora. *Vamo* fazer o que você sabe?". Depois levou Samantha a uma sala separada, onde ela aguardaria o final do embate na companhia de outras quatrocentas fêmeas de curió, bicudo, coleiro e trinca-ferro.

Como o número de curiós ultrapassava a centena, ficou estabelecido que metade seria eliminada numa primeira rodada. Às 9h50, iniciou-se a cronometragem. Castilho marcou o tempo de Confusão. José e Marlucia acompanharam a cantoria de Máquina Viva, que passou à etapa seguinte com a marca de 7,21 minutos. Um homem jogou o regulamento no chão ao saber que seu curió ficara a um posto de se classificar.

Ao meio-dia, o chefe de roda chamou os participantes para a etapa final. Decidiu que a mesma pessoa — um criador conhecido como Alemão — marcaria o tempo de Máquina Viva e Lothar, em duas rodadas de quinze minutos. Castilho foi incumbido de cronometrar o curió Capiau. Seu irmão postou-se mais uma vez diante de Máquina.

"*Bora*, magrinho! Toicinho de porco, *bora*! *Bora*, rapaz, *bora*, guri! Retoma! Acorda! Toicinho de porco!", grita José Castilho, enquanto uma dezena de curiosos se aglomera às suas costas. "Pega, meu filho! Perdeu tempo demais!", continua, passando a mão na testa, em tom suplicante, ao reclamar da longa pausa feita pelo curió. "Toicinho de porco, *vambora*!" Ao final da marcação, Máquina Viva cantou por 9,37 minutos — tempo suficiente para deixá-lo entre os primeiros lugares.

José acende um cigarro. Adevaldo corre para o carro e volta vestindo uma camiseta com a foto de Máquina Viva e a frase "Bicampeão Brasileiro — Pelé dos Curiós". Dá um grito: "Ah, isso é maravilhoso!". Recebe um elogio de Francisco Leão, o Tio Chico, vice-campeão de 2014: "Você sabe que eu falo na cara. Curió melhor que o teu não tem". Ri, é abraçado, posa para fotos. Atende ao telefone: "O Lothar está cantando ainda, mas não tem como perder", informa (o desafiante ficaria em segundo lugar, com o tempo de 9,25 minutos). Ao final da marcação, cumprimenta Luiz Onorato, o dono de Lothar.

São 12h45 quando Castilho recolhe a gaiola. "Parabéns, parabéns. Este é o bicampeão brasileiro!", fala para Máquina Viva, enquanto o leva de volta ao carro. "Ô, meu garoto, tua esposa já *tá* aqui", anuncia, ao abrir o porta-malas. O curió pia. "Pode falar pra ela que você ganhou. Faz a alegria dela agora", incentiva. Troca a água do passarinho, fecha o bagageiro e dá partida no carro. Ele, a esposa, o irmão, Samantha e Máquina Viva ainda teriam 1100 quilômetros de chão até chegar a Rondonópolis.

A solista

Felis silvestris catus

A orquestra afina os instrumentos. O maestro entra, agradece os aplausos e empunha a batuta. A imagem do pianista, projetada no fundo do palco, mostra-o com as patas sobre o teclado. A plateia ri: o pianista é um gato.

Do riso ao aplauso, o roteiro é quase sempre o mesmo nas apresentações de *CATcerto*, peça para piano — a cargo de uma felina chamada Nora — e orquestra composta por Mindaugas Piečaitis. A obra, que estreou com um grupo de câmara da Lituânia há quase seis anos, desde então foi executada por ao menos vinte conjuntos de cinco países. Foi vista 4,8 milhões de vezes no YouTube (o vídeo mais popular da Filarmônica de Berlim — tocando Mozart — teve 660 mil visualizações).

Piečaitis, professor de música lituano, de 45 anos, conheceu sua musa em 2009, por meio de um link em que ela, sentada num banquinho, tocava uma melodia com as duas patas da frente. "Já tinha visto gatos pulando sobre o teclado, mas ali havia algo diferente", contou. Conseguiu o contato da proprietária e perguntou-lhe se havia mais vídeos como aquele. Recebeu meia hora de gravações na sua caixa de e-mail.

Para melhor organizar o material, o músico resolveu anotar todas as melodias. "Somaram cinco folhas de papel. Comecei a examinar aqueles trechos como se fossem pedaços de um quebra-cabeça, tentando perceber quais partes se conectavam", explicou. À medida que encontrava semelhanças, juntava os fragmentos no vídeo para ver como se comportavam tocados por Nora. "Quando vi, já estava compondo."

Foi sua primeira e única peça para orquestra. O maestro Richard Rosenberg, que a apresentou três vezes nos Estados Unidos, comparou-a aos concertos para piano de Rachmaninoff e às peças para orquestra de Dave Brubeck. Já Michael Tilson Thomas, diretor da Sinfônica de San Francisco, descreveu o *CATcerto* como "uma obra muito sofisticada". A partitura foi publicada pela Peters, uma importante editora musical, que também tem Bach, Beethoven e Villa-Lobos no catálogo.

Aos dez anos, Nora é a caçula de uma casa habitada por uma professora de piano, um artista hippie de barba branca (por vezes azul) e outros seis felinos por quem ela nutre total desprezo. Juntou-se à família, da Filadélfia, em 2005, quando Betsy Alexander resolveu adotá-la num pet shop. A empatia foi instantânea. Nora passou a seguir Betsy pela casa e a acompanhar seus alunos durante as aulas. Seis meses depois, arriscou a primeira nota. "Eu estava no quarto quando ouvi o piano. Me deparei com Nora já sentada, com as patinhas em ação", lembrou Betsy, de 58 anos. "Apenas aplaudi. Ela continuou tocando, como se eu a estivesse interrompendo. Dali em diante, não parou mais."

Nora passou a explorar os agudos, com um toque suave e geralmente repetitivo. "Ela não gosta das notas graves", diz Betsy. Arriscou também improvisações a quatro mãos (ou duas mãos e duas patas), em especial quando os alunos tocavam o *Minueto em sol maior* de Bach, ou o último movimento da *Nona sinfonia* de Beethoven. Determinou, por fim, que, dentre os dois pianos da sala, o seu seria o Yamaha de meia cauda, comprado por 15 mil dólares. "Ela nunca usa o outro piano, que tem um som diferente e não reflete a imagem dela na madeira", contou a dona.

Durante dois anos, a história da gata vira-lata, cinza e gorda que tocava piano ficou restrita a amigos e familiares. Até que Betsy resolveu mostrar os talentos de Nora a uma sobrinha que morava a 3 mil quilômetros da Filadélfia. Por sugestão de um aluno, publicou um vídeo no YouTube. No primeiro dia, foi visto setenta vezes. Dali a pouco, chegaria ao conhecimento de Piečaitis.

* * *

Com duração de cinco minutos, o CAT*certo* começa como uma típica obra para piano e orquestra. Os músicos pavimentam a base, enquanto a solista — Nora, projetada na tela — aguarda o momento de sua intervenção. A um minuto e treze segundos, ela toca seis notas melancólicas em lá menor. Cerca de um minuto depois, modula a peça para mi maior.

A cadência varia entre batidas de dois, três, quatro e seis tempos. "O gato tem seu próprio ritmo", explicou o autor. "Os maestros que não ensaiam penam para segui-lo." Quando conduz, Piečaitis anota na partitura os movimentos do animal (uma orelha que empina, um fio de bigode que se ouriça), para marcar os segundos que antecedem uma nota. "À diferença dos humanos, antes de tocar, o gato não faz necessariamente um movimento de inspiração. Pode dar uma entrada de forma completamente imprevisível."

Betsy acredita que Nora tenha começado a tocar piano como forma de atrair o olhar da dona. "Ela deve ter percebido que os alunos conseguiam minha atenção quando colocavam as mãos sobre as teclas. Então, de um modo muito sofisticado, imitou-os." Crê que outros gatos, se pudessem, fariam o mesmo. "Pensei que encontraria dezenas de gatos pianistas no YouTube. Mas não. Acho que de fato ela é especial."

Como prega a cartilha da celebridade animal, a fama de Nora gerou um site, um livro para crianças, um calendário e um sem-número de subprodutos. Betsy disse que a gata "enriqueceu sua vida", embora não no plano material. "Se eu gostaria de tirar proveito financeiro? Claro. Mas sou professora de piano. Ganhar dinheiro não é comigo." Anos atrás, chegou a procurar o empresário Ben Lashes, que assessora a carreira da mal-humorada Grumpy Cat (a Donald Trump dos felinos, dona de um império de marketing que, segundo um tabloide britânico, movimentou 100 milhões de dólares em 2014). Nunca recebeu resposta. "Talvez Nora esteja num nível alto demais", justificou.

Nora foi filmada pela BBC e pela CNN, além de passar pela peneira definitiva da fama norte-americana — as palavras cruzadas do *New York Times* —, mas segue com uma vida algo prosaica. Dorme dezesseis horas por dia, lambe-se, come dois potes de ração úmida (dieta que a fez perder dois dos oito quilos que chegou a pesar). Vez por outra, interrompe uma nota no piano para brigar com um gato laranja, de nome Max. Há quem veja, ali, um embate com o crítico.

A atriz

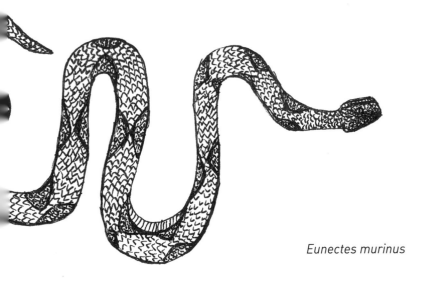

Eunectes murinus

Numa quarta-feira, 1º de julho de 2009, o biólogo carioca Claudio Machado foi do júbilo ao luto em questão de horas. O dia começara bem, com uma visita, pela manhã, à Superintendência do Ibama em Juiz de Fora. Lá, como prometido, Machado fora presenteado com 104 cobras venenosas, todas vivas, metade jararaca, metade cascavel. O contingente se somaria ao plantel de quatrocentas serpentes que ele gerencia no Instituto Vital Brazil, responsável pela produção de soro antiofídico no estado do Rio de Janeiro. Acondicionou-as em cinco caixas e, na companhia de um motorista, pôs o pé na estrada.

Quando chegou ao Vital Brazil, em Niterói, Machado foi recepcionado pela veterinária Vanessa da Matta, que tinha uma notícia preocupante: Rafaela, a sucuri xodó da casa, estava com a cabeça tombada para o lado. Para o biólogo, qualquer serpente enferma seria apenas mais uma — exceto Rafaela. De pronto, ele largou as 104 novatas e correu em direção ao cercado que a abrigava. "Quando entrei e ela não virou a cabeça, percebi que estava morta", contou. Colocou o réptil de cem quilos e 5,5 metros de comprimento em uma caixa e, amparado por um funcionário, carregou-o até um freezer comum, na esperança de conservá-lo para a taxidermia. Emocionou-se: "Não vou dizer que não dormi, mas confesso que naquela noite ela ficou na minha cabeça. Cobra não reconhece, não responde, não interage, mas a Rafaela era diferente. Beirava o místico". O Brasil acabava de perder uma estrela televisiva.

Quando levada do Pantanal a Niterói, em 1976, Rafaela fora inicialmente batizada de Rafael — acreditava-se tratar-se de um macho. Constatado o erro, acrescentou-se a vogal. Sobrenome não teve. "Biólogo nem gosta de dar nome a cobra, mas a mídia abraçou", justifica Machado. Rafaela chegou ao instituto medindo apenas dois metros, estatura que ofuscava qualquer sonho de construir uma carreira midiática. Durante quase quinze anos, teve a vida que cabe às sucuris de cativeiro. Dormia, rastejava e comia dois coelhos vivos por mês. Jamais haveria de rever a terra natal.

A oportunidade artística bateu à porta em 1990, ao ser escalada para uma ponta na abertura de *Pantanal*, a novela de maior sucesso da extinta Rede Manchete. Emplacou de imediato, contracenando com uma onça. Pouco depois da primeira gravação, foi convocada de volta ao estúdio, no Rio de Janeiro. A cena era com o protagonista Cláudio Marzo, que interpretava o fazendeiro José Leôncio. "Foi a primeira novela que desbancou a Globo", aponta Machado, com orgulho. Cláudio Marzo afirmou não guardar grandes lembranças do animal.

Daí ao jet set foi um pulo. Rafaela tinha as duas características que mais se apreciam em um réptil-artista. A primeira, intrínseca à espécie: como toda sucuri, não era venenosa — poderia, no máximo, abater um colega de estúdio por estrangulamento. A segunda, inerente à sua personalidade: Rafaela era uma serpente pacífica. Nos mais de trinta anos em que viveu no Vital Brazil, provocou apenas um acidente. "Ela mordeu o pé de um funcionário, mas logo tirou a boca. Deve ter confundido com um animal", defende Machado. Em 2007, matou a também sucuri Tieta, com quem dividia o cercado, mas em circunstâncias atenuantes que não abalaram sua carreira. Em reportagem publicada pela *Folha Online*, Machado afirmou que o incidente se devera à queda da temperatura, que forçara as duas cobras a se amontoarem. "Com o frio as sucuris ficam letárgicas. Pode ser por isso que Tieta morreu [ficou imóvel embaixo da outra cobra]", afirmou, na época.

A prova de fogo ocorreu em 2005, quando Rafaela participou da minissérie *Mad Maria*, da Globo. Era sua primeira cena dentro d'água. "O diretor precisava simular um rio. Então a coloquei na piscina de um clube, em Jacarepaguá. Eu receava sua reação, pois na água a sucuri se enrosca no corpo com muita facilidade." Prudente, Machado fez um primeiro teste, mergulhando com outros seis funcionários do serpentário. Rafaela continuou nadando cândida e languidamente — sinal de que os câmeras poderiam se juntar ao grupo. "No final, acabou tendo umas quinze pessoas na piscina ao mesmo tempo. Filmaram por baixo, por cima, de tudo que é lado", relembra.

A fama da estrela estava selada. Se Rafaela era capaz de nadar entre quinze pessoas, por que não enfrentaria um auditório lotado? Pouco depois, ela apareceria em vários programas — ao lado de Luciano Huck, na Globo, de Cynthia Howlett, no GNT, de Wagner Montes, na Record —, sempre em quadros instrutivos sobre cobras. A carreira atingiu o ápice quando foi convidada a se apresentar no *Fantástico* com Lázaro Ramos para protagonizar uma reportagem sobre fobia. Só ficou faltando ser imortalizada pelo fotógrafo Richard Avedon, sensualmente enroscada na nudez divina de Nastassja Kinski.

Apesar da fama, Rafaela jamais ganhou cachê, à diferença de outras estrelas televisivas do reino animal. Chegava aos estúdios em uma caixa de plástico, amparada por cinco pessoas.

Morreu sem deixar herdeiros. "Ela devia ter uns quarenta anos, e as sucuris vivem no máximo cinquenta", conta Machado. Ainda assim, seu óbito abalou os funcionários do instituto. "No dia seguinte, o clima era de luto", lembra. No pequeno cercado em que habitava, restam uma píton e uma jiboia — ambas sem nome, assim como as outras centenas de cobras do local. Para Machado, ainda está para nascer uma estrela com a mesma pompa.

A colecionadora

Felis silvestris catus

Em meados de agosto de 2012, um incêndio destruiu o apartamento do marchand romeno Jean Boghici, em Copacabana, no Rio de Janeiro. Com ele, foi-se parte do acervo privado mais importante da arte brasileira: o fogo consumiu os quadros *Samba*, de Di Cavalcanti, e *A floresta*, de Guignard. *Samba*, avaliado em 50 milhões de reais e tido como uma das obras-primas do modernismo nacional, era a joia da coroa de Boghici.

Nas horas que se seguiram ao incêndio, o marchand permaneceu num apartamento vizinho, também dele, que não foi afetado pelo fogo. Recebeu amigos, consternados com o destino das Tarsilas, Volpis, Debrets e Krajcbergs que pendiam das paredes. No dia seguinte, quando voltou ao local da tragédia e viu seu acervo enegrecido, chamuscado, destruído ou encharcado, Boghici foi dominado por um pensamento: onde estava Pretinha?

Pretinha não estava.

Pouco depois, na portaria do edifício, o marchand diria à imprensa: "Estou muito chateado, mas não é por causa do quadro, não. É por causa do meu gato, que morreu. Não quero saber de quadro, meu gato morreu".

Achada em frente a uma padaria na Urca, Pretinha morava com Boghici havia doze anos. Dividia o apartamento de dois andares, na rua Barata Ribeiro, com as cadelas Maya (uma collie) e Lady (rottweiler), fora os gatos Félix, Belle, Mimi, Faísca, Neve, Simba, Bebê, Vagabond e Meu Amor. Havia também os parceiros de diminutivo, todos felinos: Tigrinho, Zebrinha, Branquinha, Cinzinha e Amarelinho. Eram dezessete animais morando no apartamento da família.

Pretinha era uma das preferidas. Junto com o gato Mimi, tinha o privilégio de dormir na cama com o marchand, sempre sobre o seu peito, cercada por quadros de Milton Dacosta, Antonio Bandeira e do italiano Giorgio Morandi. No café da manhã, comia a seu lado, em cima da mesa. Para Boghici, eram torradas com manteiga. Para Pretinha, ração Royal Canin, sabor gatos sensíveis. Não era dada a leite, atum, camarão e outras comidas de fácil apreço dos felinos de rua.

Pretinha se transformou numa Boghici quando Sabine, filha do marchand, foi à pista Cláudio Coutinho — uma área de lazer administrada pelo Exército, na Urca — para alimentar os gatos ali abandonados. Repetia o ato com frequência, depois da faculdade, sempre acompanhada de uma senhora chilena e um pescador aposentado. "O pescador costumava levar sardinha", lembra Sabine. "E eu levava ração, porque ninguém no Exército cuidava dos gatos."

Naquele dia, ao parar numa padaria próxima à pista ("Era onde eu comprava alguma coisa que faltava pros bichos"), Sabine avistou Pretinha. A gata estava largada, maltrapilha, assustada. "Ela riscava fósforo", lembra Sabine, imitando, com um chiado, o barulho seco, de fósforo riscado, que os gatos fazem quando se sentem ameaçados. Resolveu pegá-la.

A casa, à época, já era habitada por dezenas de quadros (Boghici formou a maior parte da sua coleção nos anos 1970), mas por apenas dois gatos: a primogênita Minouche e sua companheira, Gipsy. Pretinha foi a terceira. "Era uma das matriarcas", diz Sabine. Machucada pelos anos de rua, demorou a se acostumar. "Ela era muito agressiva, dos gatos mais sofridos da casa; não queria receber carinho de ninguém. No começo nem sabia brincar." Discreta, nunca arranhou nenhum móvel ou quadro.

Com o tempo, os mimos reservados aos gatos de fino trato trataram de amansá-la. Pretinha foi vacinada, castrada e tratada, com remédio e nebulizador, da rinotraqueíte que lhe atingia os pulmões. Apossou-se dos livros de arte, da secretária eletrônica e de uma poltrona Tenreiro, que passaram a lhe servir de suporte para as horas de sono. De manhã, dourava a pelugem preta ao sol da varanda e, à tarde, assistia com Boghici à rede francesa TV 5 Monde (gostavam do programa *Le Plus Grand Cabaret du Monde*, sobre circos). Quando chegava a hora de dormir, colocava-se à porta do quarto e, se o dono tardava, se metia a miar. O marchand costumava dizer que ela fazia parte da decoração da casa: "Ela ficava parada, feito um Buda, sem interagir muito com os outros gatos". Foi encontrada sob a cama, morta por asfixia.

Uma semana depois, o corpo de Pretinha foi levado ao sítio da família, em Itaipava. Junto com ela estava o gato Meu Amor, recém-adotado, que também não resistiu ao incêndio. Os dois foram enrolados em folhas de bananeira e, após breves palavras de Boghici, enterrados em covas no jardim (os buracos seriam cobertos com pedras e orquídeas). Ao lado da mulher, Geneviève, e da filha Sabine, Boghici chorou, fez juras de amor e disse que, um dia, ainda há de reencontrar o seu bichano.

O cortejo foi acompanhado por quatro gatos, oito cachorros, seis coelhos e dois casais de pavão, todos moradores do sítio.

PÓS-ESCRITO

Jean Boghici faleceu em junho de 2015, aos 87 anos, de embolia pulmonar. Teve tempo de ver parte de seu acervo recuperada e exposta no Museu de Arte do Rio. Espera-se que tenha encontrado Pretinha.

DO ESPORTE

O amuleto

Canis lupus

A se levar pela impressão inicial, o ano de 1948 se anunciava hostil ao Botafogo. Começou com a dispensa, depois de uma única temporada, do técnico Ondino Vieira — bicampeão argentino pelo River Plate e três vezes campeão carioca pelo Fluminense —, cujo salário, de 20 mil cruzeiros, não condizia com a realidade de um time sem lastro. Para o seu lugar, o presidente Carlito Rocha, recém-eleito, promoveu o preparador físico Zezé Moreira, que tinha no ordenado quatro vezes menor o principal atrativo ao cargo.

Em fevereiro, findo o Carnaval, deu-se nova polêmica. Para a vaga de centroavante, uma capitania dominada havia uma década pelo ídolo Heleno de Freitas, Carlito contratou o atacante Sylvio Pirillo, de 32 anos. Veterano, Pirillo vivia das glórias do passado: seu maior trunfo — a artilharia do Campeonato Carioca — ocorrera sete anos antes, quando jogava pelo Flamengo. Era tido como um atleta no ocaso.

Em março, entrevero duplo. O primeiro: o cancelamento da excursão a Portugal, apalavrada desde o ano anterior com Benfica, Lisboa e Sporting. O segundo: a suspensão por um mês de Heleno de Freitas, que declarara, a um jornal uruguaio, viver um período de mal-estar com a chegada de Pirillo.

Iniciado o Torneio Municipal, o Botafogo perderia por 2 a 0 para o Flamengo. Em maio, 5 a 0 para o Bangu. Em junho, uma derrota de cunho moral: a transferência de Heleno por 600 mil cruzeiros — dezessete vezes o valor pago por Pirillo — ao Boca Juniors. Em carta entregue a Carlito Rocha no primeiro dia daquele mês, o jogador deixou claro que saía "de livre e espontânea vontade".

Acrescida do fato de que o Botafogo não vencia um Campeonato Carioca desde 1932, a saída de Heleno foi traumática. "O Heleno lotava o estádio", contou-me o jornalista José Antonio Gerheim. "Vinha de uma família rica e era tido como o homem mais bonito do Brasil. Representava o que é hoje o Neymar."

Naqueles seis primeiros meses de 1948, o Botafogo perdeu jogos, perdeu o técnico, perdeu o ídolo. Por isso, no dia 11 de julho, quando entrou em campo para jogar a primeira partida do Campeonato Carioca (disputa mais importante que o Torneio Municipal), nada fazia crer que haveria alguma possibilidade de esperança. Perdeu por 4 a 0 para o São Cristóvão.

Assim seria até 15 de agosto de 1948. Assim seria se não houvesse um cão chamado Biriba.

Natural de Nova Friburgo, cidade da região serrana fluminense, Biriba nasceu em algum momento entre 1947 e 1948. Filho de uma ninhada de quatro, o cão — metade vira-lata, metade fox terrier — teve vida de retirante. Ao lado de um irmão, desceu para a capital, ainda na infância, escondido num embrulho improvisado por sua primeira dona, uma senhora chamada Esther. O destino era uma pensão na rua Raul Pompeia, em Copacabana, onde os três passaram a viver.

Biriba era branco com manchas pretas. À época, atendia pelo nome de Joá (e seu irmão, Gibi). Uma reportagem publicada em dezembro de 1948 no *Jornal dos Sports* dava conta de que a dupla, ainda que vinda de fora, levava "vida de todos os cães grã-finos de Copacabana. Banho de mar pela manhã, sesta depois do almoço e footing depois do jantar".

Mas foi num desses "footings", seguia a matéria, "que Joá e Gibi sentiram a morte de perto". Numa noite, no cruzamento da rua Santa Clara com a avenida Nossa Senhora de Copacabana, os cães, talvez habituados à pacata vida interiorana, ignoraram a aproximação de um carro. Gibi morreu na hora, "estraçalhado, de golpes, sem um latido". Joá quebrou duas patas. O texto dizia que "dona Esther ficou tão desesperada que deixou o cão entregue à própria sorte". Foi quando surgiu um ex-zagueiro do Botafogo chamado Jamyr Sueiros, o Macaé.

Morador da mesma pensão em que viviam Esther e os cães, Macaé era figura conhecida em Copacabana. Lavava carros, fazia biscate e, nas horas vagas, jogava bola pelo 103 Praia Clube. Vez por outra aparecia no Botafogo, onde ganhava um trocado como auxiliar do roupeiro Aloísio ou faz-tudo do presidente Carlito. Era magro, alto, mulato e tinha cadeira cativa no circuito de botecos da cidade.

Compadecido com a situação de Joá, Macaé levou o cachorro a um hospital veterinário. Lá, soube que o animal nem havia alcançado seis meses de vida e que era 30% vira-lata ("Essa alegria toda que a gente nota nele vem justamente dos 30%", declarou ao *Jornal dos Sports*). Soube também que, passado o período de repouso (em que Joá teve as patas engessadas), haveria a possibilidade de sequela.

E assim foi. Ao voltar para a pensão, o cão, atordoado e meio surdo, já não atendia quando chamado pelo nome. Aflito por um diálogo com o animal, Macaé tentou apelidá-lo de Pintado, Malhado e Botafogo — em vão. Foi quando se lembrou de uma tira em quadrinhos, publicada no jornal *O Globo*, sobre o casal Pafúncio e Marocas. No livro *Botafogo: 101 anos de histórias, mitos e superstições*, o jornalista Roberto Porto conta que "vez por outra, para azucrinar a boa vida de Pafúncio e justificar fatos injustificáveis em sua casa, surgia um bilhete misterioso com a frase 'Biriba esteve aqui'". Porto escreve que, "a partir daí, o carioca passou a atribuir ao indecifrável Biriba tudo o que ocorria de estranho e inesperado na cidade". Macaé fez uma tentativa, o cão eriçou a orelha, abanou o rabo — e o assunto foi dado por resolvido.

Recuperado, Joá (agora Biriba) passou a seguir o novo dono em suas peladas diárias pela praia de Copacabana. Como Macaé estava sempre acompanhado de uma bola, o cão fazia a função de guarda se o ex-zagueiro mergulhava no mar. Quando algum amigo "seco por *football*" aparecia e tomava-lhe a bola, contou Macaé ao *Jornal dos Sports*, Biriba "saía atrás, mordendo, latindo, aflito e nervoso. Assim se tomou de paixão por tudo quanto é bola".

O resultado ficaria visível na primeira vez em que o cachorro foi levado ao estádio de General Severiano, sede do Botafogo. O dia era 15 de agosto de 1948.

Mais conhecido pelas histórias que pelos títulos, o Botafogo de Futebol e Regatas foi fundado em 1942, a partir da fusão do Club de Regatas Botafogo com o Botafogo Football Club (que já existia desde 1904). Ainda que tenha servido de casa para Heleno, Nilton Santos, Garrincha, Gérson, Zagallo e Didi, o time só veio a ganhar o primeiro torneio nacional em 1968 — fato que voltaria a se repetir 27 anos depois.

Naquele ano de 1948, a situação era particularmente dramática. Além de amargar mais de uma década sem nenhum título, o Botafogo ainda vinha de três vice-campeonatos cariocas. Por isso, quando Carlito Rocha foi eleito à presidência do clube, em 12 de dezembro de 1947, o boletim interno publicado pelo clube dizia que ele, "figura varonil que encarna o desassombro do nosso próprio Botafogo", aceitara "a indicação de seu nome para o posto de glória e sacrifício que é a presidência do clube".

Folclórico, católico e apaixonado, Carlito era a figura certa no clube certo. Como jogador, entrara em campo com pneumonia para disputar uma partida contra o América, em 1918. Reza a lenda que passou o mês seguinte internado em coma. Como dirigente, instituiu o consumo obrigatório de mel, laranja com açúcar e gemada — uma mistura indigesta de leite, açúcar, duas gemas e, por vezes, vinho —, que fazia questão de dar na boca de cada jogador. Fortalecia a musculatura, alegava.

"O Carlito era o rei da superstição", contou-me o jornalista Roberto Porto [Porto, que era tido como a enciclopédia do Botafogo, morreu no fim de 2014; entrevistei-o em meados daquele ano]. "Num jogo contra o Fluminense, mandou o Aloísio soprar a nuvem que estava cobrindo o Cristo, como se isso estivesse atrapalhando o time. E o Aloísio, que era um funcionário modesto, obedeceu."

Assim, quando Biriba apareceu em General Severiano, no quinto jogo do Campeonato Carioca, contra o Bonsucesso, Carlito atentou àquele cão, acomodado na geral, que tinha as mesmas cores do time. Entusiasmou-se ainda mais quando, num vacilo de Macaé, o cachorro invadiu o campo na partida dos reservas (naquela época ainda não havia substituição durante as partidas; aos reservas cabia jogar a preliminar). A reportagem do *Jornal dos Sports* contava que Biriba correu "sobre o arqueiro reserva do Bonsucesso, não o deixando defender um chute da extrema, o arqueiro sem saber se cuidava do cachorro ou apanhava a bola. Não apanhou a bola e Biriba marcou o sexto gol do alvinegro". A preliminar terminou em 7 a 0 para o Botafogo.

Em seguida, haveria a partida dos titulares. Uma matéria publicada na edição vespertina do *Globo*, no dia 16 de agosto, explicava que "a nota curiosa esteve no constante aparecimento em campo de um inofensivo vira-lata preto e branco, que desde a preliminar vinha participando ativamente das jogadas". O Botafogo voltou a vencer, dessa vez por 3 a 0. Macaé guardou a reportagem. E Biriba, que havia sido levado ao estádio para tentar achar um novo dono (Macaé estava duro e queria doá-lo a alguém de confiança), acabou sendo adotado pelo clube inteiro.

"Carlito gostava de animais e era supersticioso demais. Se você entrasse em campo, chutasse uma pedra e o time ganhasse, no outro jogo você tinha que chutar aquela pedra. Então houve o caso do Biriba", contaria o goleiro Osvaldo Baliza, numa reportagem publicada no site da Associação Brasileira de Imprensa sessenta anos depois. "A partir dali", completou, "ninguém botava a mão no Biriba antes do Carlito." O Botafogo não perderia nenhum outro jogo até o fim do campeonato.

Derivado do radical latim *masca* (assombração, máscara), a palavra "mascote" se tornou conhecida no final do século XIX, na época de estreia da opereta francesa *La Mascotte* (sobre uma camponesa que acreditava dar sorte aos homens que a possuíam). Na adaptação para o inglês, conta o etimólogo Deonísio da Silva, o termo passou a ser usado para descrever "pessoas ou animais que dão proteção simbólica".

Ainda que no esporte as mascotes tenham começado a aparecer no início do século XX, foi durante a Primeira Guerra Mundial que elas se tornaram mais presentes. No livro *Rin Tin Tin: The life and the legend* [Rin Tin Tin: a vida e a lenda], a jornalista norte-americana Susan Orlean conta que grande parte dos esquadrões aéreos tinha mascotes como protetoras. A esquadrilha Lafayette, da França, voava com dois filhotes de leão chamados Whiskey e Soda. Os irmãos norte-americanos Blair e William Thaw não decolavam sem seus animais: um cão e um gambá. A 102ª infantaria dos Estados Unidos levou o cão Strubby para dezessete batalhas terrestres. Na volta para casa, Strubby foi recebido por três presidentes de seu país.

Biriba foi promovido a mascote do Botafogo no dia 19 de agosto de 1948, data da sofrida vitória por 1 a 0 sobre o América. Findo o jogo — que teve direito a pênalti defendido pelo goleiro Osvaldo —, Carlito Rocha abraçou o cão e, segundo relato de Macaé, desabafou: "Só mesmo você, Biriba, não nos deixava perder!". Na rodada seguinte, a última do primeiro turno, o Botafogo destronou o favorito Vasco — time que formava a base da seleção brasileira —, e Biriba foi reverenciado com um banho de champanhe.

Dali em diante, o time voou em céu de brigadeiro. Ganhou de 3 a 1 do São Cristóvão, 4 a 1 do Canto do Rio, 2 a 0 do Madureira — jogos do segundo turno, todos com direito a "intervenções técnicas" do animal. Passado um empate em 2 a 2 com o Fluminense, novas vitórias: 3 a 0 sobre o Bangu e 4 a 3 sobre o Olaria (neste jogo, segundo uma matéria publicada no jornal *A Manhã*, o adversário ameaçou levar a campo "um grande mastim, um cachorro que não podia ver outros cães, estraçalhava-os a dentadas"). Ficou na ameaça.

Afamado, Biriba passou a comer filé, chocolate, biscoito, sorvete — e gemada, dois copos por dia, como os jogadores. Engordou dez quilos em cinco meses. No dia 29 de novembro, depois da vitória por 5 a 3 sobre o Flamengo, o jornal *O Globo* escreveu que "Biriba surgiu no gramado e ficou ali até o fim, ora saindo, ora entrando". A solução para retirá-lo, contava o jornal, era "fingir que lhe davam a bola para brincar". Em seguida, o texto perguntava: "Biriba é mascote ou chave? O simpático cachorrinho Biriba vinha até então sendo considerado hobby ou mascote dos alvinegros. Mas a insistência com que Biriba foi lançado em campo, ontem, justamente nas ocasiões em que mais favorecia o Botafogo a paralisação do jogo, deu margem a que se levantassem dúvidas sobre a 'inocência' do fato." O texto era encimado por uma foto em que quatro jogadores, todos com as mãos na cintura, aguardavam enquanto Macaé corria atrás do animal. O juiz, Mr. Dewine — um dos quatro importados naquele ano da Inglaterra para acostumar o Brasil às regras que valeriam na Copa de 1950 —, aparecia sentado no círculo central.

Preocupado, o América, que seria o próximo adversário, solicitou ao Colégio de Árbitros que enviasse um emissário à sede do Botafogo. Ao concordar que o caso não voltaria a se repetir, Carlito Rocha deu ao *Globo* uma explicação pouco convincente. Contou que na partida contra o Flamengo "o antigo player Macaé, proprietário de Biriba, foi jogar nos subúrbios e ausentou-se de General Severiano", embora a foto publicada dias antes mostrasse Macaé no estádio. Carlito afirmou, também, que o animal só passaria a entrar em campo antes do apito inicial. O título em caixa-alta, de ponta a ponta da página de esportes, parecia acreditar: BIRIBA NÃO INTERROMPERÁ MAIS OS JOGOS.

Botafogo e Vasco chegaram à última rodada do segundo turno com o mesmo número de pontos; quem ganhasse o jogo, no estádio de General Severiano, sairia campeão. Quatro dias antes da partida, o boletim interno do Botafogo publicou um poema em homenagem ao cachorro:

Ontem comias carne de pescoço
E eras a imagem viva de um pulgueiro,
A porta do teu Éden era um açougueiro,
De onde, às vezes, te atiravam um osso.

Hoje, Biriba, és grande, és um colosso!
Mamas mel e gemada o dia inteiro;
Fazes beicinho se o filé do almoço
De manteiga fresquinha não tem cheiro.

Para que pedigree, Biriba, se és um crack?
Não usas poste, usas Cadillac.
Comes gemada em vez de dar gemido.

Sublime, filosófico, sereno,
Afirmava o Biriba, após um treino:
Se o Botafogo perde, eu me suicido.

O clima entre os times era tenso. No último embate, ocorrido dois meses antes, Biriba havia sido impedido de entrar no estádio do Vasco, em São Januário. Carlito pegou o animal no colo e, segundo um mantra repetido por vários botafoguenses, disse: "Vocês podem barrar o Biriba, mas o presidente do Botafogo, não".

Dessa vez, corria o boato de que o cão seria envenenado. Em seu livro, Roberto Porto conta que, por medo, Carlito Rocha obrigou Macaé a se mudar para uma das torres de General Severiano, levando Biriba consigo. O ex-zagueiro também foi incumbido de provar a comida servida ao bicho. "Se veneno houvesse", conclui Porto, "Macaé morreria, mas Biriba estaria a salvo."

Biriba não morreu; o Botafogo derrotou o Vasco por 3 a 1. Assim como os jogadores, o cão (ou seu dono) recebeu um prêmio em dinheiro pela participação na final. Dois dias depois da partida, o *Correio da Manhã* cravou que a fórmula da vitória estava em "um técnico sem cartaz, gemada todos os dias e... um cachorro dos mais vira-latas, que atende pela alcunha de Biriba!".

Já a revista *Esporte Ilustrado* preferiu fazer uma leitura um tanto épica: "Nas horas de aflição, da adversidade, o antigo vira-lata aparecia no gramado e os jogadores, como que movidos por forças estranhas, se recuperavam totalmente e novas energias redobravam o ânimo daqueles onze jogadores. Dava-se o milagre, o milagre da fé, o milagre da presença do Biriba".

Era o fim do jejum de treze anos sem título.

Como ocorre com técnicos e jogadores, o prestígio de Biriba durou pelo período em que o Botafogo continuou ganhando. Em janeiro de 1949, quando ainda colhia os louros da conquista, a mascote acompanhou o time, de avião, para uma breve temporada de amistosos em São Paulo. Viajou no colo de Macaé, que herdou a passagem reservada, até o embarque, ao atacante reserva Baduca — obrigado, por Carlito Rocha, a entregar seu bilhete para que o cão tivesse onde se acomodar.

Fotografado naquele começo de ano por Jean Manzon, Biriba ainda sairia em página inteira da revista *O Cruzeiro*. A reportagem, sobre o 103 Praia Clube, o "Clube dos Gostosões", explicava que o apelido da agremiação se originara "dos ônibus que servem ao bairro de Copacabana e que, por suas linhas aerodinâmicas, foram espirituosamente apelidados pelos cariocas de 'gostosões'". Sobre o cão, o texto vaticinava: "Biriba, o autêntico Biriba, aquele que deu o campeonato de 1948 ao Botafogo, é cria do 103". Carismático, o bicho mantinha na foto o estilo de costume: coleira preta, língua de fora e — marca registrada — orelha direita voltada para baixo (ele perdera o movimento ainda filhote, agredido por um comerciante em Copacabana).

Em junho, deu-se início ao Campeonato Carioca. Ainda que no primeiro jogo o time tenha goleado o Olaria por 4 a 0, o ciclo de vitórias não voltou a se repetir. O Botafogo terminaria a competição em terceiro lugar. No ano seguinte, quarto. Em 1951, quando Carlito deixou a presidência, terceiro novamente. O Botafogo só voltaria a erguer a taça do Carioca seis anos depois, quando Biriba, desacreditado, não exerce o mesmo fascínio.

Numa matéria publicada n'*O Cruzeiro* em junho de 1954, o repórter Mário Mendes escreveu que Biriba, à diferença "dos áureos tempos de 48", tornara-se "um cachorro magro, doente, que mal se sustém nas pernas". Dizia o jornalista que o cão, "quando pretendia entrar em campo atrás dos jogadores, nos treinos, era enxotado imediatamente". Terminava com uma imagem dramática: "Vive rondando as mesas do restaurante do clube, na doce esperança de que um craque se lembre dele e jogue um pedaço de carne".

É possível que houvesse ali um exagero, visto que, três meses depois, Biriba — vestindo um manto preto com uma estrela do Botafogo — foi levado a campo para celebrar com os jogadores os cinquenta anos do time. Em 1958, já idoso e afastado das funções de mascote, teve um último lampejo de prestígio: por uma dívida antiga, embarreirou a transferência do meia Zizinho do São Paulo para o Botafogo. A história foi confirmada pelo próprio jogador, em entrevista ao documentarista João Moreira Salles, em 1996. Na gravação, que faz parte do material bruto do filme *Futebol*, Zizinho diz que Biriba "era um cachorro chato à beça", assim como "o cara que segurava ele". Lembrando o campeonato de 1948, conta que "no campo do Botafogo ninguém ganhava mais. Quando o time partia para o ataque, (Carlito) largava o bicho, o bicho partia na bola, e o juiz tinha que parar o jogo". Prossegue: "O Carlito faz uma vez isso, faz duas, faz três, faz quatro, faz dez vezes, aí que dá vontade de dar um pontapé no Biriba mesmo".

Zizinho chutou a bola em cima do cachorro, que saiu de campo ganindo. Já que a vingança — como a ração — é um prato que se come frio, dez anos depois teve a pena decretada.

Biriba morreu em 10 de agosto de 1958. Seu obituário, publicado no jornal *O Globo*, dava conta de que o cão, "praticamente cego e sofrendo do coração", fora vitimado por um colapso generalizado. Estava na residência de Macaé, em Copacabana. Carlito Rocha declarou que, para ele, fora "como se morresse um filho".

Na década de 1940, Flamengo e São Cristóvão chegaram a ter mascotes — um cão e um carneiro —, que nunca saíram das coxias. No caso do São Cristóvão, o amuleto já nasceu improvisado: muito mais que dar proteção simbólica, o carneiro tinha o ofício de cortar a grama do estádio Figueira de Melo.

Ex-editor de esportes do *Jornal do Brasil*, José Antonio Gerheim diz que Biriba deu à figura da mascote "uma dimensão que não havia". Ele acredita que tal história, com seu tom quase fabular, só seria possível no Botafogo.

— Os cronistas do Botafogo, como o João Saldanha e o Sandro Moreyra, eram mais Forrest Gump — explica. — Os torcedores eram de Copacabana, onde havia a boemia. O Botafogo era um clube de histórias que iam passando de boca em boca.

Nos anos 1980, quando a sede do clube havia mudado para Marechal Hermes, o então presidente, Charles Borer, tentou recriar o mito, batizando um cão preto de "Biriba 2". Segundo Roberto Porto, a tentativa "não durou nem três meses". Em 2008, nova tentativa: o beagle Perivaldo — que tinha o desenho perfeito de uma estrela branca nas costas — acompanhou o time em quatro jogos da Copa do Brasil. O Botafogo perdeu para o Corinthians na semifinal. Perivaldo, que morava em João Pessoa, nunca mais voltou ao clube.

— Teve gente que achava que, se o Biriba tivesse entrado com o Brasil na final de 1950, o país teria levado a Copa — contou-me Gerheim. — Sempre há uma necessidade de mitos. Perivaldo não deu certo. Nem o outro. Não vai existir um segundo Biriba. Isso não se reedita.

O lutador

Gallus gallus

Reginaldo Prata Rocha é um senhor de 61 anos que acorda todo dia às seis da manhã. Nunca teve despertador. Levanta-se com o canto do primeiro galo, espreguiça-se e passa água na cara. Enquanto faz suas abluções, instala-se a sinfonia galiforme. Um galo acorda o outro, que acorda o outro, que acorda o outro, e por aí vai. Em segundos, são 306 galos cantando juntos. Para os vizinhos, o coro pode soar como o inferno. Para esse homem, canto de galo é música aos ouvidos.

Reginaldo Rocha dedicou a vida inteira à criação de galos de briga. Há doze anos, ele é gerente do Clube do Galo, o maior centro de rinhas de Salvador, fundado em 1968 e interditado em 2005 pelo Ibama. A casa era uma espécie de Madison Square Garden dos galos na Bahia. Era lá que, nos fins de semana, centenas de homens se reuniam para assistir a brigas lendárias de campeões como Beto Rockfeller, de quem Rocha se lembra com nostalgia: "Era um galo técnico, malicioso, que destronou um grande lutador lá no Rio de Janeiro".

Em 2005, quando houve a interdição do clube, 306 galos de briga — entre eles, alguns descendentes diretos de Rockfeller — foram forçados a se aposentar. Coube a Rocha o fardo de cuidar dos lutadores. "O Ibama nos trata como criminosos, mas briga de galo não é como briga de cachorro. Cachorro é dócil. Galo de briga nasceu para brigar. Nós somos os preservadores da espécie."

Selecionados ao longo de gerações, galos de briga querem confusão com ou sem interferência humana. Convivem pacificamente até os oito meses. Nessa idade, começam a manifestar o desejo de se trucidar uns aos outros. São então separados e treinados até completar um ano, idade em que o bom galo mostra seus dotes de brigador. No Clube do Galo, de cada cem animais, vinte são selecionados. Os que sobram são vendidos, dados ou assados pelo próprio Rocha, que diz não haver carne melhor.

Comparado a um galináceo de granja, que às vezes passa a vida inteira na mesma gaiola, um bom galo de briga usufrui de regalias. Ele começa o dia tomando sol no jardim. Aquecido, é levado a uma sala de treinamento corporal, onde é arremessado para o alto cinquenta vezes, exercício importante para fortalecer as pernas; terminados os arremessos, é empurrado para a frente e para trás vinte vezes — é o treino de velocidade; em seguida, preso pela cauda, é estimulado a bater as asas, o que as tonifica; depois, seu pescoço é girado em sentido horário e anti-horário. Para aliviar a tensão, o treinador faz-lhe uma rápida massagem na musculatura peitoral. Salvo em dias frios, o galo é banhado em água e xampu, para prevenir micoses. Depois de seco, dispõe de quinze minutos para almoço: milho, amendoim, lentilha, soja, semente de girassol, beterraba e cenoura. Em dias de competição, banana com aveia e mel. Ao cair da tarde, volta para a gaiola original, que conta com proteção antimosquito.

Não se sabe quando nem onde surgiu a rinha de galo. Sabe-se que, 5 mil anos atrás, algo similar existia no sul da Ásia. Há relatos da prática no Egito e na Grécia antiga. Em 480 a.C., o general Temístocles valeu-se de uma rinha para instigar o exército ateniense a combater os persas. "Esses animais não lutam por deuses, por monumentos de seus ancestrais, por glória, por liberdade, nem pela segurança de seus filhos", disse, apontando para dois galos que se digladiavam diante dos soldados. "Eles lutam apenas pela vitória, porque não aceitam submeter-se ao outro." Os gregos venceram.

A rinha continuou a existir durante o Império Romano e a Idade Média. Galos de briga foram criados por reis da Inglaterra, da Espanha e da França — onde a ave virou um símbolo nacional. Nos Estados Unidos, os presidentes George Washington e Abraham Lincoln eram notórios galistas.

A espécie divide-se em várias raças. O satsumadori, do Japão, chega a pesar cinco quilos. O aseel, da Índia, é menor, embora tenha as pernas, o pescoço e a pancada mais fortes. Há ainda o sumatra, o malaio e o combatente brasileiro, surgido da mistura de raças.

A rinha de galo tem diferentes modalidades, que variam de acordo com os países e as raças utilizadas. Há disputas individuais (mais comuns) e coletivas (em que a arena é povoada com vários machos, dos quais apenas um sai vitorioso). Há vezes em que o galo luta sem nada, e outras em que usa um plástico duro ou uma lâmina presos à espora (a parte da perna usada para o ataque).

No Brasil, existe um regulamento, criado em 2002 pela Associação Esportiva e de Preservação Brasileira de Criadores de Galos de Raça Combatente. As lutas devem ter 55 minutos, os lutadores devem ter o mesmo peso, e o juiz deve conferir a asa, as pernas e o queixo de cada animal no início dos rounds. Há regras sobre o material da biqueira e o tamanho do plástico que envolve a espora. O texto diz que o galo que estiver "tucado, orado, mangalhado, inanimado" ou que "correr afinado (humilhado)" durante a luta terá trinta segundos de misericórdia antes de ser considerado um perdedor.

A primeira impedição à rinha ocorreu em 1849, na Inglaterra. No Brasil, a prática foi proibida por Getúlio Vargas em 1934 e por Jânio Quadros em 1961, através de decretos presidenciais. Depois vieram duas leis federais — que teriam representado um ponto final, não fosse o ensinamento newtoniano de que cada ação na política brasileira gera uma reação proporcional. Nos anos 1990 surgiram leis estaduais no Rio de Janeiro e em Santa Catarina — além de uma lei municipal em Salvador — autorizando a atividade. Através de manobras jurídicas e de liminares, lugares como o Clube do Galo continuaram a existir.

Em 2004, a lei estadual fluminense foi considerada inconstitucional pelo Supremo Tribunal Federal. Naquele mesmo ano, o marqueteiro Duda Mendonça, que havia comandado a campanha de Lula à presidência, foi preso em flagrante durante uma rinha no Rio. Declarou, altivo, que "o Brasil todo sabe que eu gosto de rinha de galo e sabe que esse é o meu hobby". No ano seguinte voltou a ser preso pelo mesmo motivo na capital baiana. Foi denunciado por formação de quadrilha e maus-tratos a animais. Os crimes prescreveram antes que fossem julgados.

A rinha de galo ainda é legal no México, em Cuba, no Japão, na Tailândia e nas Filipinas. Mesmo em países em que é proibida, continua a ser praticada.

O Clube do Galo sobrevive por duas razões: 150 sócios ainda pagam uma anuidade de duzentos reais, e parte do terreno está alugada para um restaurante de moqueca. Desde a interdição, as cadeiras foram empilhadas, a madeira do teto começou a apodrecer e as mesas se encheram de teias, penas e pó. Das três rinhas originais, apenas uma funciona para treinos. A maior delas — o Coliseu, de dois andares — está como seu homônimo, em ruínas. Dos trinta funcionários nos bons tempos, sobraram Rocha e três treinadores. O lugar lembra uma academia de boxe falida.

Como não podem competir, a cada quinze dias os galos fazem uma espécie de jogo-treino. Reginaldo escolhe o melhor dos seus lutadores, "um frango bonito, que está começando a vida de atleta". A espora é revestida com uma bucha que faz as vezes da luva de boxe. O bico é envolvido em fita isolante, para que um galo não arranque as penas do outro. Em seguida, um sparring é escolhido para desafiá-lo. Sparring é o frango de segunda divisão, que não faz treinamento físico, não pega sol e, mesmo assim, é obrigado a apanhar uma vez por semana para que os galos oficiais aprimorem suas técnicas. No Clube do Galo, há cinquenta sparrings para 250 galos atletas.

O sparring é lançado na rinha. Os dois galos se encaram, arrepiam as penas do pescoço e começam a se atracar. Correm, caem no chão, tombam contra a parede, voam para golpear com a espora. Quando se cansam, enfiam a cabeça entre as pernas do outro. Se a batalha se tornar desleal, o treinador tem o direito de jogar a toalha para preservar o lutador.

São onze da manhã quando o segundo round começa. Um proprietário chega ao clube para ver seu galo treinar. Tira o bicho da gaiola e o segura no colo, acariciando-o. Talvez recordando tempos melhores, os treinadores olham languidamente para a rinha, como se assistissem ao pôr do sol. Ao fundo, uma trilha sonora romântica, escolhida pelo treinador Cicatriz: "Nem um dia", de Djavan, "As rosas não falam", de Cartola, e "Borbulhas de amor", de Fagner.

Fim do round. O galo de Reginaldo Rocha é massageado, escovado, banhado em água e xampu e levado ao sol. O sparring fica no meio da rinha, cocoricando, à espera do que o destino lhe reserva. Rocha olha para aquele galo — que, mesmo cansado, está pronto para a próxima disputa — e, comovido, reclama da maior injustiça que já viu: "As pessoas dizem que o leão é o rei dos animais. Mas o rei dos animais deveria ser o galo. O leão foge quando o inimigo é mais forte. O galo não quer saber se é irmão, tio ou sobrinho. Soltou, brigou".

O saltador

Equus caballus

Numa madrugada de outubro, o cavalo Eurocommerce London — ou simplesmente London, como é conhecido — aterrissou no Aeroporto do Galeão, no Rio. Estava a bordo de um MD-11 da Lufthansa, acompanhado de três pilotos, dois tratadores e outros doze equinos. Havia deixado Frankfurt, na Alemanha, para participar do Athina Onassis Horse Show de 2012, principal evento de hipismo no país.

A competição, na Sociedade Hípica Brasileira, trouxe à cidade 93 cavalos estrangeiros de salto. De acordo com uma estimativa do próprio evento, a tropa, que incluía outros 63 animais nascidos no Brasil, valia 250 milhões de dólares.

Por isso, London — assim como seus companheiros de faina e de fama — foi tratado a pão de ló. Comeu ração, feno e suplemento alimentar. Água havia no cocho, mas como cavalo europeu não está habituado ao calor dos trópicos, tomou soro na veia para não desidratar. Depois, já em condições de navegabilidade, foi montado por seu dono, o holandês Gerco Schröder.

Segundo lugar nas Olimpíadas de Londres, London não foi a única celebridade equina a pousar no país naquela semana. Aqui também estiveram Nino des Buissonnets (campeão olímpico), Itot du Chateau (campeão mundial) e Casall la Silla (montado por Rolf Bengtsson, atual número um do ranking de cavaleiros). Treinador da seleção brasileira de hipismo, o cavaleiro Rodrigo Pessoa trouxe três da Bélgica, onde mantém seu haras. Havia 1,6 milhão de dólares em prêmios.

O esporte equino é dividido por castas. No topo da pirâmide estão os cavalos de turfe, hipismo e adestramento. Os de turfe têm nomes mundanos — Carrasco, Sargento, Torta de Frango —, ideais para o mercado de apostas. O mais caro, Fusaichi Pegasus, foi vendido em 2000 por estimados 70 milhões de dólares. Os de adestramento e hipismo, que disputam olimpíadas, pendem para o oligárquico: Rahmannshof's Bogeno, Maesto St. Louis, Ashleigh Drossel Dan. Chegam a custar 30 milhões na moeda norte-americana.

No meio da pirâmide estão os cavalos de polo — grosso modo, um futebol jogado com taco, modalidade em que o Brasil é tido como uma potência, atrás apenas da Argentina. Costumam ser do sexo feminino, em função da docilidade. Por integrarem times de até quarenta animais — em que a eficiência coletiva importa mais que o talento individual —, são menos valorizados. No Brasil, a égua a atingir o preço mais alto foi Tarsila, vendida em 2010 por 150 mil reais.

A base da pirâmide é ocupada por cavalos de rodeios, vaquejadas e provas de laço. São animais anônimos, de origem pedestre, que custam pouco, não andam de avião e não saem nos jornais. Costumam frequentar um circuito sertanejo, onde servem de escada para as glórias dos que cavalgam.

O cavalo, acredita-se, foi domesticado há 5 mil anos numa região próxima ao Cazaquistão. Gatos, cachorros, bois, porcos, ovelhas, camelos, pombos, águias e galinhas passaram pelo mesmo processo, mas nenhum outro animal teve impacto tão grande na história da humanidade. Num estudo publicado em 1996, o arqueólogo britânico Brian Fagan comparou a domesticação do cavalo à invenção da máquina a vapor, que daria início à Revolução Industrial. "A mobilidade proporcionada pelo cavalo teria permitido que as pessoas alcançassem lugares mais distantes e de forma rápida", escreveu. "Elas poderiam manter famílias maiores e aumentar o alcance de seus contatos comerciais. E uma vez que um homem a pé não é páreo para um homem a cavalo, as implicações militares teriam sido revolucionárias."

O cavalo permaneceu atrelado à utilidade bélica, motora ou alimentar até a criação dos jogos olímpicos na Grécia. No ano 684 a.C., travou-se a primeira corrida de carruagens, cada qual puxada por quatro animais. A partir da Idade Média, as corridas seriam individuais, como no turfe — disputadas, geralmente, por membros da aristocracia europeia.

O hipismo é um esporte mais recente. Só pipocaria na França, na Inglaterra e na Irlanda no final do século XIX. Ainda assim, naquele período, a maior parte dos cavalos ainda era obrigada a puxar carroças e bondes nas grandes cidades. A carta de alforria equina só viria de fato em 1908, com a criação do Ford-T, o primeiro carro montado em série. Dali em diante, a Ford produziria 2 milhões de carros por ano, dando um fim gradual à tração animal nos Estados Unidos e na Europa (não por acaso, a força de qualquer motor é medida, até hoje, em quantidade de cavalos).

Embora robusto na musculatura, o cavalo de hipismo é, por excelência, um animal delicado. Criado a leite com pera (leia-se: vitamina, vacina, xampu, escova na crina), salta a mais de 1,5 metro do chão, mas não tem a malícia de um pangaré de porta de fazenda.

À diferença dos cavalos de polo e corrida, sempre um puro-sangue inglês, o equino de salto pode pertencer a várias linhagens, como sela belga, sela francesa ou holsteiner. O cruzamento entre raças é permitido. O que importa, em última instância, é a performance do animal.

A vida profissional de um cavalo atleta começa aos três anos de idade e pode durar pouco mais de uma década. O treinamento aeróbico é diário, para manter o preparo físico. Já o exercício de salto ocorre, no máximo, uma vez por semana, para evitar o desgaste na ossatura e nos tendões. Rogério Saito, veterinário-chefe da seleção brasileira de hipismo, costuma dizer que "um salto desperdiçado, hoje, é um salto a menos no futuro".

Assim como esportistas, cavalos de hipismo alongam a musculatura antes do treinamento (o método, curioso, consiste em deixar os animais parados e fazê-los seguir uma cenoura, com a cabeça, para esticar o pescoço). Em dias de disputa, são equipados com caneleiras de plástico, para atenuar o choque com as barras de madeira.

Por precaução, cada competidor costuma usar mais de um animal em eventos oficiais. Doda Miranda trouxe três para a competição. Pagou cerca de 20 mil reais por cada passagem de ida e volta entre Rio e Frankfurt (um humano viajando de classe econômica paga um décimo do valor). Na última semana, aviões de carga fizeram o trajeto sete vezes. Dos animais transportados, apenas a égua La Toya se sentiu desconfortável. Foi deixada na Alemanha, antes da decolagem.

"Quando um cavalo reage mal, os outros ficam tensos em cadeia. Não podíamos correr esse risco", explicou o despachante aduaneiro Eduardo Guimarães, responsável pelo transporte dos animais.

Guimarães está acostumado a lidar com os maiores expoentes do ramo. Sabe que cavalo renomado, como executivo bem-sucedido, tem passaporte repleto de carimbos, com data de nascimento, número de identidade e quadro de vacinação. O Brasil é o país da América do Sul com maior tradição no hipismo, mas o eixo central fica na Europa. A cidade de Aachen, na Alemanha, abriga o principal torneio internacional.

À diferença do galo de briga, do cão de corrida ou do próprio cavalo de turfe (infinitamente mais importante que o jóquei), o equino de hipismo é parte de uma dupla. No turfe, um cavalo é Pelé. No hipismo, ele também é Pelé, mas o cavaleiro — que comanda cada salto — é Coutinho. A interação é tão importante que, nas Olimpíadas, cavaleiro e cavalo são considerados medalhistas em caso de vitória.

O ataque dos sonhos do hipismo nacional foi formado por Baloubet du Rouet e Rodrigo Pessoa. De estirpe nobre, Baloubet é um garanhão marrom, da raça sela francesa, que pesa cerca de seiscentos quilos. Nasceu na cidade de Rouet, na França, em agosto de 1989, e foi comprado, três anos depois, pelo empresário português Diogo Pereira Coutinho. Aos cinco anos, acabou cedido ao cavaleiro Nelson Pessoa — pai de Rodrigo —, com quem foi campeão francês em 1997 (o comodato é comum, para que o animal ganhe prêmios e tenha o passe valorizado).

A partir do ano seguinte, Baloubet passou a ser montado por Rodrigo, então um jovem cavaleiro de 26 anos. De 1998 a 2000, ganhou com ele três Copas do Mundo, mantendo a média de uma vitória a cada quatro provas disputadas. "Tem muito cavalo que consegue ter sucesso, mas manter a alta performance por anos a fio é difícil", contou-me o veterinário Rogério Saito. "O Baloubet conseguiu."

A dupla chegou às Olimpíadas de Sydney, em 2000, como franca favorita. Rodrigo até pensou em saltar com outro cavalo — Lianos, com quem ganhara um mundial —, mas desistiu, por achar que Baloubet se adaptaria melhor à viagem. Um dia antes da prova inicial, o jornal O *Globo* publicou uma matéria intitulada "A pátria de ferraduras", em que definia Pessoa e Baloubet como "novos heróis dos brasileiros" e conclamava o público a "esquecer o futebol, o vôlei e o basquete, nossos esportes mais populares". Num texto, Nelson Pessoa dizia que Baloubet "nunca esteve tão bem".

A final do hipismo foi disputada por 31 competidores, num domingo de vento. Como o Brasil tivera uma participação pífia nas Olimpíadas, Rodrigo e Baloubet carregavam a única esperança de uma medalha de ouro. Bastava que não cometessem nenhuma falta. Baloubet, no entanto, começou a prova derrubando o primeiro obstáculo. Depois, fez um esforço enorme num salto triplo. No último obstáculo simplesmente freou, derrubando todas as barras. Foi o Maracanazo do hipismo nacional.

"Ele teve uma passagem muito difícil pelo triplo, chegando no seu limite. Ele nunca tinha chegado nesse ponto", contou Rodrigo Pessoa, num documentário dirigido por Flora Diegues. "Ele se assustou e, pela primeira vez na carreira, se sentiu vulnerável. Passou mais três saltos que deveriam tê-lo acalmado antes de chegar no duplo fatal. E ali ele falou: 'Não, não tenho coragem de passar por isso de novo'. Ele não é uma raquete, um barco ou um carro. É um ser vivo."

A dupla foi desclassificada. Finda a prova, Rodrigo deixou Baloubet na cocheira, sentou-se no chão e passou um tempo com a cabeça baixa. O cavalo perdera qualquer chance de medalha na prova individual e ainda acrescentara o verbo "refugar" ao imaginário popular.

À diferença do atacante Roberto Baggio ou do goleiro Barbosa — eternizados por falhas em finais de Copa —, Baloubet teve a chance de reescrever sua história. Nas Olimpíadas de Atenas, em 2004, levou Rodrigo Pessoa à medalha de prata (que acabaria transformada em ouro, com a desclassificação do vencedor, o cavalo Waterford Crystal, por doping).

Dois anos depois, quando atingiu os dezessete anos de idade, o cavalo mudou de carreira, passando a se dedicar única e exclusivamente ao comércio de sêmen (é o destino comum dos garanhões de meia-idade). Mudou-se para o haras de seu dono, em Portugal, onde vive até hoje.

Esse é o destino que, mais cedo ou mais tarde, aguardará Eurocommerce London. Mas, até que isso aconteça, London continuará rodando os quatro cantos, continuará tendo o passaporte carimbado, continuará tomando banho de xampu. Nos últimos dois anos, ele amealhou 600 mil euros em prêmios.

A mascote

Tolypeutes tricinctus

Ana Botafogo dorme de dia, acorda de noite. Ana Botafogo divide o lar com uma macaca. Ana Botafogo é vizinha de uma preá. Ana Botafogo come cupim mas, na falta, aceita ração de cachorro. Ana Botafogo rasteja na areia. Ana Botafogo é um tatu-bola.

Doada ao zoológico do Rio há catorze anos, Ana Botafogo passou a última década no anonimato. Ensimesmada, não chamou a atenção dos milhares de crianças que ali estiveram para ver o urso Zé Colmeia, o orangotango Tanguinha, a girafa Zagalo. Escondida na própria carapaça, Ana Botafogo era apenas mais um mamífero na multidão.

Até que o Brasil virasse sede da Copa, até que a Fifa escolhesse um animal para representar o evento, até que o animal escolhido fosse um tatu-bola. A vida de Ana Botafogo mudou, então, da água para o vinho. Ana Botafogo virou estrela do zoológico, saiu em coluna social, foi benzida por padre franciscano. Hoje, é mais buscada que Zé Colmeia, Tanguinha e Zagalo. Mas continua ensimesmada: por ser notívaga, só sai da própria bola quando cai a noite.

Ana Botafogo e os demais membros de sua espécie enfrentam, agora, o que pode ser a última chance de sobrevivência do tatu-bola. O animal, muito frágil e vulnerável, corre risco de extinção, de acordo com o Ministério do Meio Ambiente. A população, acredita-se, diminuiu 30% nos últimos dez anos.

O Brasil tem onze espécies de tatu. O tatu-canastra, maior deles, chega a pesar sessenta quilos. O tatu-galinha, bastante fértil, pode ter quatro filhos de uma vez. Já o tatu-bola nem é grande, nem é fértil: pesa no máximo dois quilos e tem apenas um descendente por ninhada.

Delicado, não tem força para cavar buracos. Passa o dia dormindo em tocas abandonadas por outros animais. Quando afrontado por uma situação de perigo, se fecha em bola para tentar se proteger. A cabeça encosta no rabo, e o animal, envolto em sua carapaça, diminui ao tamanho de um coco, ou uma bola de futsal. A defesa é eficaz contra predadores de porte médio, como o quati e a jaguatirica. Mas não funciona contra os maiores, como a onça, o lobo-guará e o próprio homem.

Assim, por precaução, o tatu-bola prefere a noite para caçar. É quando, com o seu andar de bailarina, na ponta das patinhas (daí o nome Ana Botafogo), sai atrás de seu alimento preferido: cupim.

Catalogado pela primeira vez em 1758 pelo zoólogo e botânico sueco Carlos Lineu (que inventou o sistema de nomenclatura e classificação científica), o tatu-bola se subdivide em dois tipos. O mais comum — e cosmopolita — é o *Tolypeutes matacus*, encontrado no Pantanal mato-grossense, na Argentina, no Paraguai e na Bolívia. Também é conhecido como tatu-bola-do--centro-oeste. O mais raro — e 100% nacional — é o *Tolypeutes tricinctus*, natural da caatinga. É a essa espécie que pertence a mascote da Copa.

A Fifa adota mascotes para representar o Mundial desde 1966, quando um leão foi elevado a símbolo da competição na Inglaterra. De lá para cá, a chancelaria simbólica também foi exercida por um cachorro (1994, Estados Unidos), um galo (1998, França) e um leopardo (2006, África do Sul).

Em abril de 2011, a Fifa abriu uma concorrência para que seis agências brasileiras propusessem uma mascote para a Copa de 2014. Dentre macacos, araras e outras figuras tarimbadas da fauna nacional, escolheu-se o tatu-bola. A sugestão partira de um escritório paulistano. O fato de o tatu transformar-se em bola foi determinante. Não houve chance para a ararinha-azul.

Partiu-se, então, para a segunda etapa: o batismo. A entidade levantou uma lista prévia de treze nomes, todos inventados, para evitar processos por direito autoral. A lista foi encaminhada a personalidades tão díspares quanto o sambista Arlindo Cruz, a escritora Thalita Rebouças e o jogador Bebeto, incumbidos de diminuí-la a três alternativas.

Chegou-se, assim, às palavras Zuzeko, Fuleco e Amijubi (imagina-se o teor das dez descartadas). Arlindo Cruz, que compôs o samba "Tatu bom de bola" em homenagem à mascote, diz ter votado em Zuzeko e em outros dois que não chegaram à final. Venceu Fuleco, em votação com quase 2 milhões de participantes no site da Fifa. O termo, que combina as palavras *futebol* e *ecologia*, já existia em forma de verbo no dicionário. *Fulecar* significa "perder todo o dinheiro que se leva ao jogo". Não poderia ter sido mais adequado.

O escritor alagoano Lêdo Ivo, membro da Academia Brasileira de Letras, não aprovou a escolha do animal. Ivo é autor de *A morte do Brasil*, livro que tem, entre os personagens, um tatu-bola que se alimenta de cadáveres (a prática, típica de outra espécie, o tatupeba, é erroneamente atribuída ao tatu-bola). "Em Alagoas, o tatupeba é chamado de tatu-bola. Desenterrador de cadáveres ou não, a família é a mesma. São primos necrófilos. Isso vai dar um azar miserável à seleção brasileira", vaticina. "Por que não escolheram um sabiá, um galo-de-campina, uma coisa mais alegre?"

Professor de zoologia da Universidade de Brasília, Jader Marinho-Filho é um dos principais estudiosos de tatus no país. Ele acredita que a promoção do animal ao status de mascote é essencial para desfazer mal-entendidos. "O tatu-bola não tem força para escavar e chegar nos túmulos. O conhecimento das pessoas sobre o bichinho é muito pequeno", diz. Marinho-Filho também crê que a Copa ajude a salvar o animal de uma possível extinção: "O urso panda e a baleia jubarte não são os únicos animais ameaçados, mas aparecem mais porque provocam simpatia. Trazer simpatia para a espécie é positivo; ajuda a causa conservacionista".

Inexistente na Europa, o tatu exerceu fascínio nos viajantes que desembarcaram na América a partir do século XV. Convocado por Maurício de Nassau para retratar as belezas naturais de Pernambuco em 1637, o artista holandês Albert Eckhout pintou um tatupeba no canto direito de *Dança dos tapuias*, um de seus quadros mais importantes. O paisagista Frans Post, também holandês, integrante da mesma missão artística, pintou tatupebas e tatus-bola em 32 quadros da época.

"É claro que os europeus se encantaram. O tatu era um animal notável, com carapaça, jamais visto", explica Marinho-Filho. "Ele costumava ser capturado para que fosse pintado com capricho. Por isso há quadros em que o tatu aparece ao lado de outros animais, ou entre índios, sem que isso signifique que a cena de fato aconteceu. Os pintores juntavam os elementos reunidos ao longo das semanas numa só obra."

Professor da Universidade Federal de Pernambuco, o historiador Daniel de Souza Leão Vieira diz que o tatu é o animal que mais aparece nos quadros de Frans Post. "Minha hipótese é a de que o Post colocava o tatu, o papagaio e outros animais nos quadros para que as pessoas, na Europa, pudessem saber que a cena havia sido retratada no Brasil. O coqueiro, presente nos quadros, poderia ser típico da Ásia. O tatu, não. Só poderia ser daqui."

Ao passo que a espécie se fazia notória nas artes plásticas, o tatu-bola minguava, cada vez mais, na caatinga. Havia duas causas: o desmatamento (que, se não o mata, aniquila o cupim, sua principal fonte de comida) e a caça (o animal, quando afugentado, se transforma em bola e pode ser pego com a mão por qualquer caçador). Por ser pequeno, por esconder-se durante o dia e por viver isolado na caatinga, não há levantamento sobre o número de tatus-bola existentes no país. Mas o biólogo Rodrigo Castro, secretário executivo da Associação Caatinga, diz que "se nada for feito, em cinquenta anos a espécie estará extinta".

Em setembro de 2012, Castro se encontrou com a ministra do Meio Ambiente, Izabella Teixeira, para apresentar um projeto de preservação do tatu-bola, ancorado na sua escolha como mascote. Também participou da audiência a veterinária Flavia Miranda, vice-presidente do grupo de especialistas em tamanduás, preguiças e tatus pela União Internacional para a Conservação da Natureza e dos Recursos Naturais. "Queremos aproveitar a visibilidade para ajudar a tirar a espécie da situação dramática em que ela se encontra", explica Castro.

O projeto custaria entre 3 milhões e 5 milhões de reais. Vingando, é possível que se chegue a informações mais precisas sobre o tatu-bola. Hoje se sabe que sua gestação dura cerca de quatro meses, que sua carapaça é feita de um tecido ósseo flexível, parecido com a pele do crocodilo, e que o membro reprodutivo do tatu macho chega a trinta centímetros — metade de seu tamanho total.

"É desproporcional, mas necessário, porque o animal não tem muita flexibilidade", explica Marília Marini, coordenadora-geral de pesquisas e monitoramento de biodiversidade do ICMBio, o Instituto Chico Mendes de Conservação da Biodiversidade.

Subordinado ao Ministério do Meio Ambiente, o ICMBio é a autarquia responsável por coordenar projetos de preservação de animais em risco de extinção. Hoje, há 37 ações em andamento para proteger a ararinha-azul, o pato-mergulhão ou o mutum-do-sudeste. O tatu-bola deve juntar-se ao grupo no próximo ano.

Quando isso ocorrer, Ana Botafogo deixará de ser o principal tatu-bola em evidência no país. Poderá voltar à velha vida pacata e noturna, na doce calma do anonimato.

Será necessário. Na última semana, o zoológico do Rio determinou que ela está proibida de ser fotografada, para evitar o estresse. Já houve excesso de exposição. Ana Botafogo quer voltar a ser bola.

PÓS-ESCRITO

Em janeiro de 2014, o Ministério do Meio Ambiente publicou uma portaria instituindo o Plano de Ação Nacional para Conservação do Tatu-bola. O projeto, orçado em 6 milhões de reais, está a cargo do ICMBio. A ideia é que, num período de cinco anos, o animal tenha seu habitat mapeado — para que finalmente seja protegido.

O escritor Lêdo Ivo faleceu em dezembro de 2014, a tempo, infelizmente, de ver sua profecia — de que o tatu daria "um azar miserável à seleção brasileira" — concretizada. Em julho daquele ano, o Brasil perdeu de 7 a 1 para a seleção alemã.

Para além do trauma no campo, o legado da competição foi temerário. Mesmo a um custo de 25 bilhões de reais, parte das obras de infraestrutura não foi finalizada. Dos doze estádios construídos ou reformados, alguns ficaram praticamente inutilizados. A Arena das Dunas, em Natal, passou a ter uma média de 10 mil pagantes — quatro vezes menos do que sua capacidade. A Arena da Amazônia, em Manaus, sediou apenas quatro partidas nos seis meses seguintes à Copa.

No que toca à Fifa, o período recente também não tem sido dos melhores. Em maio de 2015, sete dirigentes — entre eles o ex-mandatário da CBF José Maria Marin — foram presos na Suíça, por ordem da Justiça norte-americana. São acusados de receber 150 milhões de dólares em propina.

DA RUA

A mãe

Gallus gallus

PARTE I

Anitta teve onze filhos. Dois morreram. Anitta não se importou. Para onde vai, se faz seguir dos nove que restaram.
Anitta é brasileira, nascida no morro, mãe solteira. Dorme num barraco de madeira, sob teto improvisado. Comida não lhe falta; afeto, muito menos. Cisca milho, cisca arroz, cisca paçoca. De dia, batalha. De noite, descansa no lar.
Anitta é metódica: desperta com o galo. O galo é Chicó. Diz-se, de Chicó, que é o marido de Anitta. Que é o pai dos onze (agora nove) pintinhos. Que não liga para a amada. Que não liga para a prole.
Anitta é brasileira, é nascida no morro, é mãe solteira. Anitta é uma galinha de rua.
Anitta, Chicó, os nove pintos e um galo agregado (que, por agregado, não tem nome) moram, há pelo menos três meses, num canteiro de terra em frente à estação de metrô do Flamengo, no Rio de Janeiro. Primeiro veio o galo. Depois, a galinha. Engravidaram. Tiveram os pintos. Houve comoção. Os comerciantes e moradores da área fizeram um ninho e deram-lhes os nomes. Depois disso, chegou o agregado.
Reza a lenda que os três descendem das aves de um pai de santo, seu Cardoso. Seu Cardoso morava no Morro Azul, comunidade colada à estação. Deixou o local há um ano, largando para trás o farto galinhame que usava em oferendas. Sagrados — ou, para alguns, amaldiçoados — que eram, os animais sobreviveram intactos (quem faz canja de frango do candomblé?). Procriaram. Anitta, Chicó e o galo agregado, acredita-se, são filhos da segunda geração. Desceram o morro atrás de comida. Atravessaram a rua Paulo VI. Uma vez no asfalto, se instalaram.
"Lá em cima é feio", diz o ambulante Glauber Leonardo, vulgo Biro, de 37 anos, que vende bala e chocolate em frente à

estação. "Os pintinhos nem sabem como chegar lá. Mas a galinha também não volta. Com uma vida boa dessas, vai voltar à dureza para quê?"

Filho de uma moradora do Morro Azul, Biro trabalha de segunda a sábado na porta do metrô. Veio de sua lavra o nome Chicó. Já Anitta foi batizada por Nilton César Conceição dos Santos, de 38 anos, que vende bolsas há um quarto de século no mesmo local. A alcunha homenageia a maior estrela de todos os tempos da última semana do funk nacional.

Foi Biro quem percebeu, três meses atrás, que Anitta estava prenha. O aviso, por assim dizer, veio em forma de um ovo, depositado pela ave aos pés de uma barraca. O ambulante então cavou um buraco num canteiro, encheu-o de jornal e cobriu-o com um caixote de madeira, daqueles de feira, para protegê-lo da chuva. Depois, pegou o ovo, se fez seguir da galinha e pôs no buraco. A mensagem foi entendida. Anitta fixou residência. Depositou, ali, o restante dos herdeiros. "O pessoal ficou me falando para comer os ovos", lembra Biro. "Comer ovo para quê? Deixei ela chocar que era melhor."

No dia 20 de agosto, depois de um período de três semanas em que a ave só deixou o ninho para se alimentar, os ovos quebraram. Biro fotografou os pintinhos com o celular, mas preferiu não os batizar ("Dar nome a todos? São nove!"). Diz que Chicó e o galo agregado acompanharam o processo de longe: "O outro galo tentou perturbá-la no ninho. Pensa que é pai, mas o pai é o Chicó. Ele é no máximo padrasto".

E assim, em família, o grupo vai vivendo. Desde o parto, Anitta, Chicó, os pintos e o galo agregado levam vida amena, à base de milho, canjica, paçoca, arroz e xerém. Café da manhã é às sete horas, horário em que Nilton dos Santos abre sua barraca de bolsas. Aos domingos, mesmo sem trabalho, o ambulante deixa o Morro Azul, onde mora, para alimentá-los. "Quando chego, eles já estão acordados", conta. "O Chicó come na minha mão. A Anitta é mais arisca."

Mas nem tudo são flores na vida dos animais. A mãe já precisou gralhar contra um gavião interessado em jantar sua prole. E o arrimo teve as penas da cauda arrancadas enquanto dormia. "Deve ter sido para fazer brinco", acredita Biro. "O Chicó estava com a cauda bonita: preta, branca e dourada."

O pormenor mais grave — e público —, no entanto, ocorreu quatro meses atrás. No dia 22 de maio, Anitta entrou na estação de metrô, desceu as escadas (não se sabe se por terra ou por ar) e terminou seu trajeto nos trilhos do trem. Um agente acompanhou o feito da sala de controle. Outros dois desceram para tirar o bicho de lá. A operação de resgate fez com que os trilhos fossem desenergizados.

Depois disso, Anitta voltou ao ninho, teve os pintos, sossegou. Moradora do Flamengo, a aposentada Eliane Coelho, de 62 anos, passa pelo canteiro todo dia para ver como a galinha está." "Ela é melhor que muita mãe que tem aí. Quando um pintinho fica para trás, ela volta para resgatá-lo." Eliane faz um apelo: "A prefeitura não pode levá-la. A Anitta já faz parte do bairro. Se vier, eu desço antes e levo para a minha casa em Itaboraí".

PARTE II

Primeiro, foram os pintinhos. Depois, a galinha. Um público se aglomerou no entorno. Houve quem protestasse. Luciano Pereira, de 47 anos, ignorou. Fechou o baú da moto, deixou uma fresta para a entrada do ar e, com a família lá dentro, deu partida na máquina. Eram sete da noite da segunda-feira, 9 de setembro de 2013. O último dia de Anitta no metrô do Flamengo.

No mesmo dia, à hora do almoço, dois agentes da Secretaria de Ordem Pública baixaram no metrô, gaiolas em punho, em busca da ave. Nilton dos Santos e Glauber Leonardo, o Biro, protestaram. Ao grito deles, somou-se o dos moradores do bairro, acostumados, há seis meses, à presença das aves. A algazarra foi geral. Propôs-se um acordo: para que os bichos não fossem apreendidos, teriam de ser adotados. O vendedor de frutas Luciano Pereira prontificou-se.

E foi assim que, às 19h30 daquele mesmo dia, Luciano, Anitta e os nove pintos cortaram a Linha Vermelha de moto, a sessenta quilômetros por hora, rumo a São João de Meriti. A decisão não foi fácil. Primeiro, o ambulante temeu por sua liberdade ("E se a polícia me visse com uma galinha e nove pintos na mala da moto, sem autorização?"). Depois, temeu pelos animais ("E se a galinha esmagasse os bichos numa curva?"). Pilotou devagar. Parou duas vezes, na altura do aeroporto internacional do Galeão, para checar o estado do grupo. Às vinte horas, Anitta e sua prole chegaram, intactos, ao novo lar. De início, foram depositados na laje, junto à máquina de lavar. No terceiro dia, voaram ao quintal.

"Desde que a Anitta colocou o primeiro ovinho no Flamengo eu quis trazê-la para casa. O pessoal que não deixava", explicou Luciano. "Aqui tem quintal, árvore, uma marquise para proteger da chuva. Só falta um ninho, que vou fazer."

Enquanto o ninho não fica pronto, Anitta e os pintos vão vagando pelos cômodos do sobrado de tijolo. Dividem o local com Luciano, sua mulher Kelly Cristina, uma filha de Kelly Cristina (Raíssa Cristina), outra filha de Kelly Cristina (Larissa Cristina) e com o filho de Luciano (Luciano Jr.). Há ainda um cachorro chamado Duque, uma cadela que atende por Princesa e uma tartaruga sem nome que há muito não dá as caras.

A sala da casa é decorada com um copo do Botafogo, uma foto de Luciano e Luciano Jr. com a camisa do time e lembrancinhas da festa de três meses do caçula, comemorada há poucas semanas. Sobre a estante, ao lado da TV, há duas Bíblias e uma estátua de Nossa Senhora Aparecida.

Tranquilo, o comerciante não receia a convivência da ave com as Bíblias (Anitta, há de se lembrar, já teve um passado no candomblé). Nem com os cães: "Ela é muito engraçada, essa galinha. Se alguém vai pra cima, abre as asas e sai correndo pra atacar, fazendo có-có-có-có". Tampouco teme o canto dos pintos (quando, daqui a alguns meses, eles se derem por galos): "Acordo todo dia às três da manhã para comprar fruta na Cadeg. Pior que galo é cachorro latindo de madrugada". Garante, por fim, que não tem intenção — nem coragem — de comer os animais.

No primeiro dia na nova casa, Anitta e os pintos viraram celebridade no bairro. Raíssa Cristina não foi à escola para ficar com os bichos. Um programa de TV noticiou a adoção. Já na estação de metrô, o clima foi de velório. Dona de uma barraca de roupas, Genilsa Carvalho da Silva lamentou: "É muita tristeza. Eu tinha comprado milho para os bichos".

Biro — que é padrinho de Luciano Jr. e, por isso, tem esperança de reencontrar o animal — disse que chegou a ver criança chorar: "Uma mulher reclamou muito. Queria um pintinho para ela".

Chicó foi levado por Luciano no dia seguinte. Não se sabe o paradeiro do agregado.

Os estrangeiros

Spheniscus magellanicus

No zoológico do Rio, vizinhos ao cágado-da-paraíba, à píton reticulada e ao veado-catingueiro, moram dois pinguins.

Chegaram em fevereiro de 2012, encontrados, em lote de dez, numa praia em Niterói. Do grupo, dois morreram. Seis foram para um zoológico em São Carlos, no estado de São Paulo. Os dois que sobraram respiram o ar do balneário.

Não têm nome. Não têm sexo. A distinção é um lacre, preso na asa esquerda de um deles. Virou o Pinguim do Lacre. O segundo é o Pinguim sem Lacre. Assim são chamados, assim será.

Chegaram debilitados. Ficaram quinze dias na enfermagem, à base de remédio e vitamina. O Pinguim do Lacre melhorou do rasgo na garganta, causado por um anzol. O Pinguim sem Lacre sarou do ferimento na nadadeira. Já estão no tanque.

São irmãos? Não se sabe. Argentinos? É possível. Podem ter vindo da Patagônia; podem ter vindo da Terra do Fogo. Nadaram sete quilômetros a cada hora, comeram sardinha, anchova e anchoíta no caminho. Talvez tenham conhecido o rio da Prata, talvez tenham descansado no Rio Grande do Sul, talvez tenham tomado banho no Guarujá.

São jovens, da espécie magalhães; têm no máximo dois anos. Os pais não deram pela falta (o núcleo familiar já estava desfeito), os amigos não deram pela falta. Se perderam por desatenção, ou se perderam por curiosidade?

Para alguns, são párias, tolos, a xepa da espécie: deviam morrer porque assim dizia Darwin, porque assim dita a seleção natural. Para outros, são heróis, desbravadores, bandeirantes do mar: merecem cuidados porque chegaram tão longe, tão gastos, onde poucos da espécie chegaram. (Em 2008, dois pinguins foram encontrados no Rio Grande do Norte. Estão no aquário de Natal. Passam bem.)

Viviam no mar, comiam no mar, dormiam no mar. Se vieram à praia, não foi por desejo de sol ou terra firme. Vieram à praia para morrer.

Mas foram avistados por banhistas, resgatados por bombeiros, transportados de carro para o zoológico.

Ganharam vizinhos (o tamanduá-bandeira e o jacaré-de-papo-amarelo não estão longe), ganharam público cativo (são 10 mil pessoas num domingo de sol), ganharam uma piscina com 18 mil litros de água (salgada com sal marinho, ao gosto dos fregueses).

Como cabe às aves de boa cepa, passaram a acordar cedo, ao cantar do galo. Dedicam o dia ao nado, à limpeza das penas, ao banho de sol. Refeição é às quatro da tarde (de cinco a oito sardinhas frescas, gordas, compradas no Mercado de Peixe de Niterói). Às seis se recolhem numa pequena sala fechada, reclusa, resfriada com ar-condicionado de 12 mil BTUs.

Quando a temperatura atinge dezessete graus, é a glória. Os dois se deitam, barriga no chão, cabeça erguida em estado de alerta (não estão em casa; todo cuidado é pouco), e, se aos pinguins é dado o dom de sonhar, então sonham.

Amanhã será um novo dia. Haverá água, sol e sardinha. E depois de amanhã, mais água, mais sol, mais sardinha. Como estarão os outros, na Patagônia?

O pinguim é uma ave que abriu mão do voo em prol da capacidade de nadar. A mudança — que transformou asas em espécie de nadadeiras — ocorreu há cerca de 60 milhões de anos, aumentando a eficiência na caça aos peixes.

Quatro tipos de pinguins habitam a costa brasileira. Os que desembarcam no Rio são oriundos, quase sempre, do estreito de Magalhães, uma passagem marítima entre o Chile e a Argentina, com temperatura entre 1°C e 35°C. Costumam migrar de março a novembro, atraídos pela fartura de anchovas, anchoítas, sardinhas e outros peixes do litoral.

No caminho, alguns se perdem do grupo e, desnorteados, desembocam nas praias. De acordo com uma estimativa elaborada pelo Centro Nacional de Pesquisa e Conservação de Aves Silvestres, cerca de 4500 pinguins-de-magalhães aparecem, por ano, no litoral brasileiro. A maior parte não resiste ao resgate.

Normalmente são marinheiros de primeira viagem; foram criados pelos pais em terra firme até o terceiro mês de vida, quando trocaram a penugem. Com penas novas, mais resistentes ao frio do oceano, se aventuraram atrás de alimento para si próprios — e acabaram perdidos. "É como largar um bebê nadando no mar", explica o veterinário Rodolfo Silva, coordenador do Centro de Recuperação de Animais Marinhos (Cram), no Rio Grande do Sul.

Espécie de Retiro dos Artistas dos pinguins-de-magalhães, o Cram é o lugar onde os animais resgatados repousam, durante meses, até serem lançados ao mar, para voltar à Patagônia. Em 2008, o Cram recebeu 24 pinguins encontrados no Rio de Janeiro. Dos que estão hospedados agora, cinco — Sérgio, Júnior, Heloísa, Boquinha e Mike Tyson — têm linhagem fluminense.

Os cinco apareceram no final do ano passado em Búzios e Arraial do Cabo. Foram acolhidos por veterinários do Instituto Ecológico Búzios Mata Atlântica. Em novembro, já saudáveis, viajaram de avião para o Rio Grande do Sul. "Foram os que sobreviveram de uns cinquenta resgatados", diz a veterinária Carla Sassi, do Instituto Ecológico. "Antigamente, mandávamos para o zoológico de Niterói, que fechou. E o do Rio não aceita novos pinguins", ela reclama.

É verdade. Subgerente de aves do zoológico do Rio, o biólogo Rodrigo da Costa conta que, de acordo com as normas do

Ibama, o local poderia acolher até seis pinguins ao mesmo tempo. "Mas preferimos ficar só com dois, para que eles tenham mais espaço", esclarece.

Se é assim, o Pinguim do Lacre e o Pinguim sem Lacre continuarão em dupla, sem novas companhias, nos dias que virão (eles vivem até oito anos em cativeiro).

Crescerão. Se tudo correr bem, chegarão a seis quilos no peso e a setenta centímetros na altura. Serão visitados por novas crianças, terão o recinto invadido por novas cutias (como costuma acontecer, sem incidentes graves). Mas, até segunda ordem, permanecerão sem nome. E sem sexo definido. "Para sabermos o sexo de cada um, teríamos que fazer um exame de DNA", diz Cerqueira. "Não vale a pena. É muito caro, e os pinguins têm dificuldade de se reproduzir em cativeiro."

Ao que tudo indica, Pinguim do Lacre e Pinguim sem Lacre viverão na mordomia, com sombra, água fresca, sardinha a torto e a direito, mas morrerão virgens.

Para eles, será uma lástima. Para a ema, a arara-azul, a jacutinga e o pavãozinho-do-pará, um alívio. Das aves confinadas no zoológico, os pinguins são as mais visitadas. Imagina-se como seria com filhotes.

A injustiçada

Canis lupus familiaris

Na última terça-feira, a cadela Pantera estava deitada em frente ao Bar do Saco Murcho, na Rocinha, favela mais populosa do Rio de Janeiro. Acompanhava com calma o vaivém de pessoas na rua, até o momento em que avistou um catador de latinhas. Levantou-se. Correu atrás dele. Latiu, latiu, latiu. O catador seguiu seu caminho, como se estivesse habituado. "É por causa do cheiro das latas. Ela late, mas não morde. É só bater o pé no chão que ela foge", explica seu dono, José Luiz Francisco, de 46 anos.

Francisco e, principalmente, Pantera foram alçados à fama em maio de 2012, quando, durante uma operação da Polícia Militar, a cadela acabou agredida por um soldado. A arma? Spray de pimenta, borrifado nos olhos.

Flagrada pelo fotógrafo Domingos Peixoto, do jornal *O Globo*, a cena foi compartilhada milhares de vezes na internet. As ONGs que defendem animais se puseram em polvorosa. A Delegacia de Proteção ao Meio Ambiente instaurou um inquérito para investigar o caso. Pantera virou símbolo da resistência contra os abusos da Polícia Militar fluminense.

Passadas duas semanas, a vida do animal voltou aos conformes. Pantera retornou à travessa Esperança, ruela na base da Rocinha, onde seu dono passa manhã e tarde em busca de um biscate (Francisco ganha a vida carregando geladeira, fogão, cimento, tijolo e mantimentos para quem mora nas ruas altas da Rocinha). "Para onde eu vou, ela me segue. Se eu faço dez viagens até lá em cima, ela faz dez viagens comigo. Me atende mais que meus filhos", ele diz.

De noite, cadela e dono voltam aos dois barracos que Francisco e a mulher dividem com sete filhos, além de dois cunhados. O animal dorme embaixo da cama do casal.

Francisco encontrou Pantera há três anos, perdida numa praça da favela. Encantou-se pelo que considera "uma mistura de mestiço com rottweiler", mas como já tinha uma cachorra de estimação — a finada Pretinha —, achou por bem deixar Pantera com um cunhado. Assim foi, durante um ano, até que Pretinha morreu. "Fiquei três dias bebendo", lembrou, desgostoso.

Como o cunhado estava de mudança para um apartamento, e como Francisco estava sem animal, Pantera acabou sendo deixada no barraco. Viraram unha e carne. Desde então, ela teve três ninhadas — duas com um vira-lata de rua, o Tigre, com quem passa grande parte do tempo (o grupo canino ainda conta com a presença de Macaca, também vira-lata, também de rua). No último parto, os filhotes morreram.

A vacina está em dia. A comida é arroz com feijão e ossos. Se Francisco descola um dinheiro a mais, presenteia a cadela com ração. Banho é uma vez por semana. Xampu para cachorro Pantera nunca viu. É adepta do combustível. "No sábado coloco ela dentro do chuveiro. Passo sabão e, depois, óleo diesel para não dar pulga. Deixo uns dois minutos para matar os bichos (as pulgas, não a cachorra), depois passo água de novo", ensina.

Fora da favela, o caso continua repercutindo. Na Delegacia de Proteção ao Meio Ambiente, o titular José Rezende aguarda o depoimento de Francisco para fechar o inquérito. "Já ouvi o soldado que borrifou pimenta. Quero saber, do dono, se o animal ficou com alguma sequela. As ONGs estão cobrando", conta.

Na Polícia Militar, o major Edson Santos, responsável pela Rocinha, diz que o soldado foi encaminhado para outra UPP, mas não será punido: "Abrimos uma sindicância e apuramos com o policial que ele apenas se defendia de uma mordida do cão. Ficou claro que foi legítima defesa".

A promotora de Justiça Christiane Monnerat, que recomendou a instauração do inquérito, refuta o argumento: "Não é porque ele porta um spray de pimenta que está autorizado a usá-lo em qualquer situação. Aquilo não foi legítima defesa. O policial atrás dele está calmo. A foto diz tudo".

Enquanto Polícia Civil, Polícia Militar e Ministério Público não se entendem, a cadela, recuperada, segue sua rotina na favela. A vista voltou ao normal, a vida voltou ao normal.

Para quem toma banho de óleo diesel, pimenta nos olhos é refresco.

PÓS-ESCRITO

A Corregedoria da Polícia Militar do Rio de Janeiro chegou a instaurar um processo administrativo disciplinar para investigar a conduta do soldado Kennedy, responsável pela agressão a Pantera. O caso foi julgado em novembro de 2012, dando ganho de causa ao policial, que alegou ter utilizado "mecanismo não letal, como meio de defesa, em razão de ter observado que a cadela avançava na direção do primeiro componente da patrulha com o ânimo de mordê-lo".

Na investigação, o dono da cadela, José Luiz Francisco, afirmou que dias antes o animal mordera sua filha. Justificou que tal quadro de agressividade surgira porque o animal havia perdido uma ninhada. Francisco também afirmou que "a borrifada de pimenta atingiu o pelo do animal, o que não causou lesões".

A vítima

Oryctolagus cuniculus

Passava das quatro da manhã de uma quinta-feira em Volta Redonda quando o guarda municipal Luiz Carlos do Amparo, de 47 anos, recebeu o chamado na viatura. "Furto de um coelho. Patrulha Bravo, furto de um coelho na praça Brasil", gritou o operador de rádio, antes de descrever o suspeito e informar a placa do carro, filmada por uma das 59 câmeras de vigilância da Guarda Municipal. Amparo ligou a sirene, engatou a primeira e partiu em direção à praça, na Vila Santa Cecília, bairro nobre da cidade. Achava estar buscando um animal de verdade. "Na Páscoa, a prefeitura coloca muito coelho vivo por lá", justifica ele.

Ao entrar na rua 16, avistou o veículo suspeito, estacionado próximo à Padaria Central. Desceu com cautela, observou o entorno e ouviu um barulho, que parecia vir de cima. No terceiro andar de um edifício residencial, onde ocorria uma festa estudantil, estava ele, o coelho. "Vi a orelha saindo pela janela", explica. Na falta de incidente mais grave, quatro outras patrulhas da Guarda Municipal e da Polícia Militar haviam rumado para lá. Ao todo, somavam doze homens armados para o resgate de um coelho gigante de pelúcia.

O acusado do furto, um estudante de gestão pública da Universidade Federal Fluminense, que celebrava seu aniversário de 22 anos, foi preso em flagrante. Enquadrado no artigo 155 do Código Penal — subtração, para si ou para outrem, de coisa alheia móvel —, pagou 680 reais de fiança para não dormir na delegacia. O coelho não teve a mesma sorte. Amanheceu no xilindró, onde ficou até a tarde do mesmo dia, quando foi devolvido à praça Brasil.

Por insólito, o furto repercutiu. As imagens do coelho gigante sendo roubado, fotografado, colocado no porta-malas de um carro (não coube) e, depois, carregado pelas ruas da cidade apareceram no *Jornal Hoje*, da Globo, no *Domingo Espetacu-*

lar, da Record, e no *CQC*, da Band. O bicho retornaria à praça Brasil na condição de celebridade. Agora tinha nome, fama e aposto: Rodrigo, o Coelhão de Volta Redonda.

Rodrigo nasceu em fevereiro de 2010, de um bloco único de isopor, talhado em estilete pela artesã Denise Benedeti. Levou uma semana sendo coberto com jornal, cola de sapateiro, pelúcia, roupa e apetrechos. Quando pronto, mostrou-se um coelhão robusto, de 2,20 metros de altura e vinte quilos de charme. Recebeu o nome Rodrigo em referência a um rapaz da equipe de confecção.

Dois meses depois, teve sua estreia pública na Toca do Coelho, um cenário com cem exemplares de pelúcia — dezessete deles gigantes — erguido pela prefeitura, durante a Páscoa, na principal praça da cidade. Vestia uma jardineira amarela e uma viseira no mesmo tom. Assim o fez, em 2010 e 2011, sem chamar atenção.

Em 2012, repaginado (trocou a jardineira por um macacão vermelho, branco e azul, com o qual ficou notório), foi colocado, com destaque, na entrada da Toca do Coelho. Segundo Paulo Cezar de Souza, diretor do Serviço Autônomo de Água e Esgoto de Volta Redonda, responsável por gerenciar a montagem, a estrutura custou 150 mil reais aos cofres públicos. "Mas isso inclui o valor gasto na distribuição de 40 mil ovos de Páscoa, aluguel de banheiros químicos e de coelhos de verdade", frisa.

Ele diz que, nos dez dias em que permaneceu montada, a toca foi visitada por 80 mil pessoas. Dentre elas, o estudante da Federal Fluminense que, ao avistar Rodrigo, teve a ideia — por que não? — de levá-lo para a república onde mora. Cerca de oito amigos o acompanharam na empreitada, correndo com o coelho pelas ruas da cidade. Não imaginavam estar sendo observados, em tempo real, por uma operadora do Ciosp, o Centro Integrado de Operações de Segurança Pública de Volta Redonda.

"Primeiro, percebi um bracinho se mexendo no canto do vídeo. Era o braço do coelho", lembra Marcelli Oliveira Silva, a operadora. "Então apontei a câmera naquela direção e vi que estavam tirando foto com ele, no meio da rua. Quando tentaram colocá-lo no carro, dei um zoom na placa e acionei a guarda", completa.

Ela não visitara a Toca do Coelho, mas sabia que Rodrigo vinha de lá. "É que acompanhei a montagem aqui pelas câmeras", explica. "O que eles fizeram foi um absurdo. Aquilo era um patrimônio público. Não precisavam ter tirado o coelho do lugar."

O delegado Antonio Furtado, da 93ª DP, responsável pelo caso, endossa: "O coelho pertence à população. Deveria estar aguardando a celebração da Páscoa na praça, e não numa festa particular em que o aniversariante acha que pode tudo e zomba do direito alheio. O estudante disse ter feito uma brincadeira e foi preso justamente para entender que com a lei não se brinca".

Ele acredita que o indiciamento tem valor educativo: "Algumas pessoas têm a ideia errada de que a polícia atua com mais rigor nas classes mais humildes. Quero mostrar que a polícia trata as pessoas de acordo com o comportamento delas, não com a classe social. Se ela não cumpre com a lei, é a falência do Estado".

Dentro da prefeitura de Volta Redonda, o caso ganhou leituras opostas. No dia 8, domingo, o prefeito Antonio Francisco Neto (PMDB) anunciou que doaria o coelho ao estudante. "Quero deixar bem claro que não estou incentivando ou apoiando o que ele fez, mas entendo que foi um ato impensado de jovem. Não quero que ele saia prejudicado dessa história", declarou ao *Diário do Vale*, principal jornal da região.

Na manhã seguinte, mudou de ideia. "De um modo geral, notamos que a opinião pública não era favorável a essa situação", explicou-me, durante uma conversa em seu gabinete. Agora, Neto pretende leiloar o animal. Embora não haja data definida, afirma que o dinheiro será doado à Associação de Pais e Amigos dos Excepcionais de Volta Redonda. Ele acredita que o caso foi positivo para a cidade. "Mostrou a segurança em Volta Redonda e a integração entre Guarda Municipal e Polícia Militar."

O estudante de engenharia de produção Guilherme Cipriani, de 24 anos, reclama que a história tomou uma proporção exagerada. "O que foi feito não foi certo, mas o que virou também é demais. Tinha doze guardas na frente de casa. Parecia uma megaoperação para prender bandido", lembra ele, que mora há três anos com o acusado e outros cinco estudantes na república Kfofo. "Era aniversário dele", explica. "Estávamos em outra república, comemorando, e, na volta, quando passamos pela praça, paramos para tirar foto com o coelho."

O acusado, então, decidiu carregar o bicho de pelúcia para a república. Guilherme diz que o amigo está recluso: "Ele entrou em depressão, não toca no assunto, tem medo de ser reconhecido na rua. Só tem ido à faculdade para assistir às aulas importantes". Se condenado pelo Ministério Público por furto simples, o acusado pode pegar de um a quatro anos de prisão. Além disso, ficará impedido de prestar concurso público — o que sempre almejou. "O futuro dele depende disso", lamenta Cipriani.

Passada a Páscoa e o frisson, Rodrigo voltou ao galpão da Coreografia Benedeti, no bairro de Santo Agostinho, para onde foram levados todos os coelhos de pelúcia da praça Brasil. Chegou avariado, com os braços soltos e a cabeça bamba. "A sensação é muito ruim. Dá um trabalho enorme fazer um coelho desses", lamenta sua criadora, Denise Benedeti, de cinquenta anos. "Mas nada que não tivesse conserto. O Rodrigo vai estar no ano que vem na Toca do Coelho. Tem que manter a tradição."

O caso ainda tem dividido a cidade. Paulo Cezar de Souza, que organizou a Toca do Coelho, diz que "qualquer delito tem que ser julgado". "Já fui universitário, já estudei fora, mas a gente só vai crescer como nação quando houver tolerância zero." O prefeito Antonio Francisco Neto contemporiza: "Esse jovem pode ser prejudicado para o resto da vida. Apesar do delito, entendo que foi uma brincadeira de mau gosto".

Já o delegado Antonio Furtado mantém postura contundente: "O vídeo pode até ser engraçado, mas o crime de furto não é". Furtado diz que o caso serviu para alertar a população de Volta Redonda sobre o risco de desrespeitar um patrimônio público. Altivo, adverte: "Agora todos estão sabendo que se trata de um crime. Se isso voltar a acontecer com um boneco do Papai Noel, no Natal, vou fixar uma fiança mais alta".

PÓS-ESCRITO

Rodrigo voltou à Toca do Coelho na Páscoa de 2013. Vestia uma jardineira azul e branca. Sua chegada à praça Brasil, na garupa de um triciclo motorizado, foi triunfal. O público aplaudia, enquanto o Coelhão se aproximava lentamente, protegido por batedores do motoclube Falcões de Aço. Foi colocado na entrada da toca, junto de um carrinho atulhado de cenouras cenográficas. Nos dois anos seguintes, teve menos destaque. "Virou figurante", contou-me Paulo Cezar de Souza. "Mas continuou um coelho grande e bonito."

Por crer que o sequestro foi um caso isolado, a prefeitura não ampliou a segurança. O acusado pelo sequestro não foi julgado.

DO PASSADO

O fóssil

Archaeopteryx lithographica

Thermopolis é um município no estado de Wyoming, nos Estados Unidos, cuja população mal ultrapassa 3 mil habitantes. Tem uma única biblioteca, uma única delegacia, um único hospital. Sua rotina é mundana. Numa reunião recente, registrada em ata, o conselho municipal deliberou sobre a abertura de um novo restaurante ("O negócio vai ser um grande trunfo para o centro") e a criação de um comitê ambiental ("Outros requisitos incluem a comemoração do Dia da Árvore"). O encontro foi encerrado em 36 minutos, depois da apresentação pública do mais novo policial.

Thermopolis é também a única cidade fora da Europa a abrigar o fóssil de um *Archaeopteryx* (pronuncia-se "arqueópterix"). Não só: é a cidade a abrigar o fóssil mais completo do dinossauro que é o maior ícone da evolução. "Nenhuma outra espécie zoológica, fóssil ou recente, é considerada tão importante quanto o *Archaeopteryx*", escreveu o paleontólogo norte-americano John Ostrom em 1976. "Certamente poucas espécies geraram tanto interesse ou provocaram tanta especulação."

Aves, por estranho que pareça, são dinossauros — assim como humanos são mamíferos. Surgiram cerca de 150 milhões de anos atrás, num período em que a América do Sul ainda era unida à África e os demais continentes — que antes pertenciam a um único território chamado Pangeia — estavam mais próximos. O clima quente e úmido de então havia permitido que certos dinossauros com penas começassem a voar. Desses, o mais antigo já encontrado é o *Archaeopteryx*.

O *Archaeopteryx* tinha dentes, cauda alongada e garras nas mãos, como os demais dinossauros. Mas tinha também penas assimétricas, que possibilitavam o voo, como as aves. Vivia numa região onde hoje está a Alemanha, quando o país ainda era submerso por um mar formando um pequeno arquipélago próximo à linha do equador. Pesava menos de meio quilo e alimentava-se de pequenos animais.

O nome *Archaeopteryx* (que em grego significa "asas antigas") surgiu em 1861, por causa do fóssil de uma pena encontrada em Solnhofen, uma formação rochosa próxima à cidade de Munique. Desde então, onze esqueletos foram achados na área. Em 1997, um deles foi exposto por dois meses no Museu de História Natural de Chicago. "Os ossos são tão raros que as precauções de segurança lembram o que ocorre quando museus enviam seus Monets, Michelangelos e Picassos para empréstimos temporários", reportou o jornal *Chicago Tribune*. Nunca esteve no Brasil — embora haja cópias no Museu de História Natural de Taubaté e no Museu de Zoologia da Universidade de São Paulo.

Em 2007, o *Archaeopteryx* voltou aos Estados Unidos — dessa vez em definitivo —, comprado pelo colecionador Burkhard Pohl. Herdeiro de uma empresa de cosméticos, Pohl é dono do Wyoming Dinosaur Center, um museu privado, repleto de fósseis, na cidade de Thermopolis (o local também abriga um importante foco de escavação). "O fóssil foi trazido como bagagem de mão. Não queríamos chamar atenção", me disse Scott Hartman, então diretor científico do museu. "Quando chegou, tudo já havia sido pensado."

Uma redoma blindada abriga o esqueleto desde então. "Em caso de um desabamento, o fóssil será preservado", disse Hartman. "Também passamos várias semanas pensando em como ele poderia ser roubado. Tentamos evitar todas as possibilidades. Não podíamos arriscar."

A paleontologia é a Scotland Yard da biologia. A partir de um osso, uma pedra, ou uma lasca de ovo, um paleontólogo reconstrói a vida de um dinossauro. Um fêmur de dois metros só pode ter pertencido a um animal com mais de 10 mil quilos. Um dente afiado não teria função num herbívoro. Pela pegada, chega-se à velocidade de um velociraptor. Pela idade do terreno, à idade do bicho. O braço atrofiado do tiranossauro é um sinal claro de sua postura bípede. O tamanho de sua arcada dá ideia de sua mordida.

Dinossauros surgiram 230 milhões de anos atrás, durante o Triássico, o primeiro de três períodos geológicos dominados por répteis. De início eram bípedes e pequenos — pesavam não mais que sessenta quilos. Assim permaneceram por 30 milhões de anos, até que uma extinção em massa — causada por um asteroide ou por vulcões — aniquilou seus predadores (que também eram répteis, porém maiores e quadrúpedes, como os crocodilos).

Com o fim da concorrência, os dinossauros — que sobreviveram devido ao tamanho diminuto — tomaram os nichos antes ocupados por outros animais. Como a oferta ambiental era vasta — e o risco de predação nulo —, adaptaram-se livremente ao que cada habitat requeria. Certos herbívoros, como o braquiossauro, tenderam ao gigantismo (um pescoço de nove metros, um coração de quatrocentos quilos, um peso de cinquenta toneladas). Alguns carnívoros, como o velociraptor, evoluíram na direção oposta, favorecendo a velocidade, a leveza e a capacidade predatória.

O velociraptor era um dinossauro da subordem dos terópodes, a partir da qual outros carnívoros, como o tiranossauro, evoluíram. Embora menores do que parte de seus contemporâneos, os terópodes ocupavam o topo da cadeia alimentar. Tinham garras que rasgavam a pele das presas. Tinham ossos ocos, que os deixavam mais ágeis. Tinham dentes que quebravam ossos alheios. E, mais importante — e desconhecido até trinta anos atrás —, tinham penas.

Penas, em aves, podem ser usadas para a corte, para o isolamento térmico, ou para o voo, entre outras utilidades. Como seus antepassados não tinham asas, a estrutura provavelmente surgiu para o aquecimento (seria útil para manter a temperatura em filhotes) ou para a reprodução (cores brilhantes ajudariam na seleção sexual, como acontece com o pavão). Transcorridos milhões de anos na evolução, as penas acabaram sendo úteis para o voo.

O *Archaeopteryx* também era um terópode. Assim como seus antepassados, tinha garras, dentes, ossos ocos e penas. Mas suas penas, ao contrário do que era a praxe, tinham um formato novo, assimétrico, que lhe permitia voar. Paleontólogos não sabem se esse recurso surgiu em dinossauros que subiam em árvores (e planavam no trajeto da volta), ou em dinossauros que saltavam para caçar (o que resultaria, gradualmente, no ato de voar).

Desde que dominaram o ar, os dinossauros se espalharam pelo mundo. Uns, como a galinha, optaram por uma dieta vegetariana. Outros, como o falcão, passaram a se alimentar de carne de dinossauro. Certos dinossauros, como a coruja, estabeleceram hábitos noturnos. Outros, como o galo, preferiram madrugar. O pinguim mudou-se para a Antártica. O pombo estabeleceu-se em São Paulo (ou Paris, ou Tóquio, ou São Petersburgo, ou na Cidade do Cabo). Dinossauros pequenos, feito o curió, foram aprisionados em gaiola. Tagarelas, como o papagaio, decoraram hinos nacionais. O processo de adaptação gerou dinossauros brancos (gaivotas), pretos (corvos), ou rosa (flamingos). Dinossauros viraram símbolo de status (a cacatua), paz (o pombo), ou fartura (o chéster, durante o Natal). Alguns dinossauros, como o pato, aprenderam a nadar. Outros, como o avestruz, renunciaram ao dom de voar.

A Terra tem hoje 10 mil espécies de dinossauros. No jargão científico, 10 mil dinossauros avianos. Por que eles foram os únicos a sobreviver?

* * *

Embora pareçam, fósseis não são ossos. Eles surgem quando a carcaça de um animal acaba soterrada num local sem oxigênio (que pode ser no fundo de um lago, ou sob uma montanha — em caso de desabamento). A falta de ar impossibilita a vida das bactérias responsáveis pela decomposição. Com o passar do tempo, a matéria orgânica dos ossos vai sendo substituída por água e minerais. O que resulta é uma mistura rochosa que, do ponto de vista químico, está mais próxima de uma pedra que do osso original.

A fossilização depende de uma série rara de fatores geológicos. No Brasil, a formação mais rica é a da Chapada do Araripe, localizada na divisa entre Ceará, Pernambuco e Piauí, onde há bons fósseis de pterossauros (réptil voador sem parentesco direto com aves ou dinossauros). No resto do mundo, há ao menos meia centena de depósitos de igual importância. No que toca aos dinossauros com penas, as melhores formações são as de Yixian e Tiaojishan, no nordeste da China, e a de Solnhofen, no sul da Alemanha.

Na época em que o *Archaeopteryx* era vivo, Solnhofen era uma região inundada por lagos salinos com pouco oxigênio. Por vezes, uma carcaça que ali caía descia lentamente ao fundo de lama, onde era preservada. Com o passar do tempo, os lagos secaram e o relevo mudou, resultando numa rocha calcária, usada para a construção de igrejas desde a época dos romanos. Com a invenção da litografia, a rocha virou matriz para impressão.

Quando fósseis não tinham valor comercial, os esqueletos achados em Solnhofen eram descartados ou entregues aos próprios mineradores. A história começaria a mudar em 1796, com a conclusão de que duas arcadas do Museu Nacional de História Natural de Paris, tidas como de elefantes, pertenciam a animais já extintos.

A ideia de extinção, até então inexistente, partira do naturalista francês Georges Cuvier, o primeiro a propor que houvera um mundo, anterior ao nosso, habitado por espécies desaparecidas. Com o prestígio advindo de sua análise da arcada dos elefantes, Cuvier passou a receber fósseis — ou desenhos de fósseis — de outros paleontólogos. Em quatro anos, acumulou 23 espécies extintas. "Se tantas espécies perdidas foram juntadas em tão pouco tempo, quantas mais ainda devem existir nas profundezas da Terra?", escreveu.

Já se sabia, à época, que diferentes camadas de rocha pertenciam a diferentes períodos. Baseado nisso, Cuvier intuiu que o registro geológico contava uma história linear. "Espécies cujos restos eram achados próximos à superfície pertenciam a ordens de criaturas ainda vivas", escreveu a jornalista norte-americana Elizabeth Kolbert no livro *A sexta extinção*. "Cavando mais fundo, encontram-se animais sem conexões óbvias com os atuais. Continue cavando, e os mamíferos desaparecem do registro fóssil. Em algum momento se chega a um mundo não apenas prévio ao nosso, mas prévio ao dos mamíferos, dominado por répteis gigantes."

Cuvier seria condecorado por Napoleão Bonaparte e descrito como "o maior poeta do nosso século" por Honoré de Balzac, que o elogiara por reconstruir "mundos a partir de um osso". Com a constatação de que esqueletos tinham valor histórico, o colecionismo logo se tornaria um hobby entre os ricos da Europa. Surgiria um mercado inflacionado que, dali a pouco, levaria à descoberta dos primeiros dinossauros.

Existem, hoje, mais de trinta escavações em Solnhofen. A maioria é particular. Há fósseis de peixes, crustáceos, lulas e répteis. Um *Archaeopteryx* encontrado ali — diz o paleontólogo David Lovelace — pode ter morrido na margem para em seguida ser varrido, por uma tempestade, até a água. "Ou pode ter morrido voando, e depois afundado. Há vários caminhos para que esse corpo tenha terminado lá."

Em 1862, um minerador de Solnhofen, cujo nome não foi registrado, encontrou o primeiro esqueleto de um *Archaeopteryx*. Entregou-o ao médico Carl Häberlein, que atendia na região, em troca de um tratamento respiratório.

Um ávido colecionador de fósseis, Häberlein já havia negociado alguns exemplares com museus na Europa. "Com o *Archaeopteryx*", escreveu o biólogo Thor Hanson no livro *Feathers*, "ele sabia ter um fóssil que atrairia interesse, despertaria polêmica e, mais importante, atingiria um preço elevado no mercado." Aos 74 anos, Häberlein precisava bancar o casamento de uma filha, além de deixar uma herança às outras cinco. Decidiu que o interessado no *Archaeopteryx* teria de arrematar todos os 1700 fósseis de sua coleção.

Dois anos antes, Charles Darwin publicara A *origem das espécies* — a bíblia da biologia, em que sugeria que plantas e animais eram um resultado evolutivo que poderia ter se originado de um único ancestral. "Há grandeza nessa visão da vida", escreveu. "A partir de um começo tão simples, infinitas formas mais belas e maravilhosas foram e estão evoluindo."

Darwin começou a formular sua tese aos 22 anos, quando foi convidado pelo capitão George FitzRoy para acompanhá-lo na viagem do navio *Beagle*. Tinha acabado de se formar em teologia em Cambridge — imposição dos pais, para que se tornasse reverendo. Na universidade, também aprendera biologia e botânica — um requisito à formação clerical, já que todo ser vivo era visto como uma obra de Deus. Por tabela, tornou-se um naturalista.

FitzRoy, assim como Darwin, era um jovem da aristocracia. Depois de dez anos servindo na Marinha inglesa, preparava-se para comandar uma missão, de dois anos, mapeando a América do Sul. Sabia do risco que tanto tempo a bordo acarretaria (anos antes o capitão Stokes, que comandara uma missão similar, havia se matado durante a viagem). Requereu contar com alguém de sua casta para jantar, conversar e dividir interesses científicos. Depois de duas recusas, chegou ao nome de Darwin.

O navio, que deixou a Inglaterra em dezembro de 1831, só voltaria cinco anos depois. Darwin coletaria pássaros, lagartos, besouros, flores, conchas e fósseis. Também faria anotações em cerca de quinze cadernos sobre toda sorte de bicho, planta e acidente geográfico.

Numa dessas anotações, escrita no início da viagem, ele questiona "por que tanta beleza teria sido criada com tão pouco propósito". O jornalista norte-americano Jonathan Weiner, ganhador de um Pulitzer por um livro que explica o darwinismo, diz que a frase prenuncia uma epifania: "O navio havia zarpado dias antes. Darwin estava analisando, num microscópio, a primeira coleta que fizera com sua rede".

Darwin, até então, ainda acreditava que o homem surgira à imagem de Deus — e que a natureza surgira com o intuito único de servir-lhe. "É um momento e tanto. Toda uma nova forma de ver o mundo está se abrindo ali, embora nem ele perceba", continua Weiner.

De volta à Inglaterra, Darwin passaria duas décadas aprimorando sua pesquisa. Tentaria entender por que encontrara um pequeno jacaré e um enorme fóssil de jacaré (só que extinto) no mesmo pântano. Ou por que achara tantos pássaros, com tantas formas de bicos, num lugar tão isolado quanto as ilhas Galápagos. Se Deus, como pregava a Bíblia, criara os animais de uma tacada só — "e isso era bom" —, por que alguns sumiam e outros pareciam se transformar?

A ideia de evolução não era de todo nova. Sabia-se que o cruzamento controlado de pombos — uma atividade comum da burguesia britânica — fazia surgir variações. Darwin concluiria que algo idêntico ocorria na natureza, através do que chamou de "seleção natural": plantas e bichos mudariam lentamente, ao longo de gerações, sobrevivendo às mudanças do ambiente. Os que melhor se adaptassem resistiriam; os inadequados ficariam pelo caminho. Com base em tal ideia, sugeriu que o registro geológico contivesse não apenas espécies extintas, mas elos entre espécies atuais e extintas.

Sua teoria, de uma simplicidade suntuosa, contestava o que era ensinado por padres, cientistas e filósofos de então. Eliminaria Deus da ciência e abriria caminho para o positivismo. Mas continha um problema, apontado pelo próprio Darwin: dado o vagar das mudanças, o processo de adaptação era praticamente invisível. Ele jamais vira uma nova espécie nascendo.

Por isso, seu livro gerou um debate, na Inglaterra, assim que publicado. Entre os intelectuais que refutavam a teoria estava Richard Owen, diretor do Museu de História Natural de Londres.

Owen era o paleontólogo mais importante de então. Inventara o termo *dinossauro* ("lagarto terrível", em latim), mas ainda acreditava que as espécies haviam sido criadas e modificadas por vontade divina. Um esqueleto bem preservado de um *Archaeopteryx*, portanto, era uma ameaça à sua reputação. "Owen precisava ser a primeira pessoa a estudar o fóssil, para descrevê-lo e refutar qualquer possibilidade de que fosse um elo perdido", escreveu Thor Hanson em *Feathers*. Ele convenceu o museu a pagar setecentas libras (cerca de 100 mil dólares atuais) pela coleção de Häberlein.

O *Archaeopteryx* chegou a Londres ainda em 1862, numa caixa de madeira, embalado com palha. Owen desempacotou o fóssil e levou-o ao seu escritório, apressando-se em publicar a primeira descrição. Naquele mesmo ano anunciaria, durante uma reunião da Sociedade Real de Londres, que o *Archaeopteryx* era "simplesmente o exemplar mais antigo conhecido de uma ave". Fora criado por Deus, nada tinha a ver com os dinossauros. "É difícil não pensar", escreveu Hanson, "se ele não imaginava que uma espécie iria derrubar sua carreira, manchar seu trabalho e colocá-lo para sempre no lado errado da história."

Um tiranossauro nascido há 66 milhões de anos era um réptil afortunado. Comia qualquer coisa que se movesse — de um pequeno mamífero a um enorme brontossauro (que tinha mais de três vezes o seu tamanho).

Impérios, no entanto, não duram para sempre. O do tiranossauro foi derrubado pelo impacto de um asteroide, com dez quilômetros de diâmetro, no golfo do México. A explosão, milhões de vezes mais forte que a da bomba de Hiroshima, produziu um tsunami de quinhentos metros de altura, que durou uma semana, devastando o sul dos Estados Unidos e a América Central. Produziu, também, uma enorme quantidade de poeira, que permaneceu na atmosfera por muitos anos.

A Terra, então, enfrentou um declínio biológico em efeito cascata: a poeira na atmosfera cortou a luz do sol; a carência de luz dizimou as plantas; a falta de plantas matou os herbívoros; a morte de herbívoros levou toda uma cadeia que deles se alimentava. A explicação foi proposta pelos geólogos norte-americanos Luis e Walter Alvarez em 1980. Por sólida que era, já nasceu com peso de verdade.

A hipótese, como muitas na ciência, surgiu ao acaso. Walter Alvarez juntara-se à geóloga italiana Isabella Premoli Silva, no fim dos anos 1970, para estudar a formação da península Itálica. Silva era uma especialista em foraminíferos — criaturas minúsculas, que vivem dentro de conchas no mar. Durante o trabalho, ela comentou que a camada rochosa do final do período Cretáceo — o último habitado por dinossauros — era abundante em foraminíferos. Logo acima vinha uma fina camada de argila, seguida por uma nova formação, essa com pouquíssimos fósseis do animal.

Havia ali uma estranha coincidência. A mesma argila que marcara o sumiço dos dinossauros dividia as espécies de foraminíferos. Walter procurou seu pai, o também geólogo Luis Alvarez, para tentar entender o material que formara a argila. Juntos, descobriram uma quantidade enorme de irídio — elemento químico raro na superfície da Terra, mas farto em asteroides que vagam pelo espaço. Concluíram, sem nenhum indício de onde ocorrera, que tal concentração só poderia ter surgido num impacto (a cratera no México, que chegou a ter 180 quilômetros de diâmetro, voltou a ser coberta pelo relevo com o passar de milhões de anos; só viria a ser descoberta em 1991).

O asteroide que atingiu a Terra 65 milhões de anos atrás deixou o planeta na escuridão por ao menos um ano — um tempo curto na geologia, mas uma eternidade no relógio biológico. Luis e Walter Alvarez escreveram, em 1980, que "nenhum vertebrado terrestre mais pesado que cerca de 25 quilos parece ter sobrevivido". Mamíferos pequenos sobreviveram, aves pequenas também. Mas seus antepassados mais próximos (os dinossauros), não.

O que mamíferos e aves tinham em comum? Eles provavelmente se alimentavam de detritos — ou de insetos que se alimentavam de detritos. Em 1986, o biólogo Peter Sheehan publicou um estudo afirmando que tais bichos não só foram pouco afetados como "a morte de plantas e animais, na verdade, pode ter aumentado a quantidade disponível". Os mamíferos, menores em número e tamanho, tinham hábitos noturnos, para fugir à ameaça dos dinossauros. Já estavam acostumados a uma vida difícil. Entre as aves, a maior parte sucumbiu. Apenas as menores e mais ágeis sobreviveram.

As aves de então já eram bem distintas do *Archaeopteryx*. Seus bicos não tinham mais dentes (uma característica evolutiva que as deixara mais leves). A estrutura que sobrara — similar à das aves atuais — era ideal para comer sementes, insetos e minhocas, ainda disponíveis depois do cataclismo. Também tinham um sistema respiratório mais eficiente que o dos demais vertebrados (que as fazia aguentar pressões extremas). Resistiram.

Cientistas acreditam que a vida na Terra tenha começado 3,8 bilhões de anos atrás, quando certos elementos químicos se fundiram, na água, criando as primeiras moléculas de RNA (que mais tarde dariam origem ao DNA, que é o código comum a cada ser vivo no planeta). Do DNA veio o protozoário, de onde veio a larva, de onde veio o peixe, de onde veio o réptil, de onde veio o mamífero, de onde veio o lobo, de onde veio o cão, de onde veio o biólogo britânico Thomas Huxley.

Huxley ficou conhecido como o "buldogue de Darwin", de quem era contemporâneo, devido à defesa que fazia do darwinismo. Enquanto o naturalista dedicava a maior parte do tempo ao estudo e à escrita, Huxley preferia envolver-se em debates. Um de seus alvos era o paleontólogo Richard Owen.

Depois de assistir à palestra em que Owen deu sua versão sobre a origem do *Archaeopteryx*, Huxley passou a década seguinte analisando a anatomia das aves. Em 1870, apresentou um estudo na Sociedade Geológica de Londres comparando os ossos de um avestruz aos de um megalossauro (um terópode similar ao tiranossauro). Mapeou 35 traços comuns, que não eram encontrados em outros animais. Também apontou uma série de semelhanças entre os fósseis do *Archaeopteryx* e os de um dinossauro terrestre chamado *Compsognathus*. Foi contestado.

O tema voltaria a debate em 1926, com a publicação de *A origem das aves*, um livro escrito e ilustrado pelo paleontólogo dinamarquês Gerhard Heilmann. Embora o autor apontasse outras semelhanças entre dinossauros e aves, apegou-se a uma razão para não comprar a hipótese de Huxley: onde a maioria dos animais tem duas clavículas, as aves têm a fúrcula, um osso em forma de V (também chamado de "osso da sorte"). Mas todo fóssil de terópode até então desenterrado não tinha nem clavícula, nem fúrcula. Um osso não poderia ter vindo do nada, Heilmann concluiu. Propôs, então, que as aves descendiam de um réptil (o que era correto), mas anterior ao dinossauro (o que era falso).

A questão só chegaria a um veredito concreto na década de 1970, com a descoberta de novos fósseis de terópodes (esses mais completos, com clavícula). Tendo essa informação em mãos, o paleontólogo John Ostrom, da Universidade Yale, analisou o esqueleto de cinco espécimes de *Archaeopteryx* e concluiu, de uma vez por todas, que o animal era um elo perdido. "A evidência é abundante", apontou.

O paleontólogo brasileiro Herculano Alvarenga, diretor do Museu de História Natural de Taubaté e maior especialista em fósseis de aves no país, diz que o *Archaeopteryx* "sempre gerou polêmica". Já Thor Hanson escreveu em *Feathers* que o fóssil "tem construído (e arruinado) carreiras científicas há um século e meio".

O espécime comprado por Owen continua no Museu de História Natural de Londres. Os demais estão distribuídos em coleções na Alemanha e na Holanda. Mas, desde 2007, o espécime mais completo reside numa cidade de 3 mil habitantes no estado norte-americano de Wyoming...

* * *

    Reconstituir a descoberta de um fóssil pode ser tão difícil quanto achar um dinossauro com penas. A partir do momento em que são encontrados, fósseis ficam submetidos a leis que variam de acordo com cada país. Fósseis encontrados nos Estados Unidos podem ser vendidos. Fósseis achados na China, não. Fósseis da França podem ser vendidos. Do Brasil, não. Na Alemanha, as leis variam de acordo com cada estado: fósseis encontrados no estado da Baviera — onde está localizada a formação de Solnhofen — têm permissão para deixar o país. Foi de lá que o *Archaeopteryx* partiu, para entrar legalmente nos Estados Unidos.
    Sua origem, no entanto, é incerta. Os estudos publicados em revistas acadêmicas contam que o fóssil pertencia a "um cidadão suíço", ou "à viúva de um cidadão suíço" que tentou vendê-lo, em 2001, para o Museu Senckenberg, em Frankfurt. "Foi uma história muito misteriosa", o paleontólogo Gerald Mayr, que trabalha no museu, me contou por telefone. "Não está claro se ele veio de uma escavação pública ou particular. Pode ter sido achado por um minerador. Às vezes, os fósseis são vendidos no mercado negro."
    Como o museu de Frankfurt não tinha meios para comprar o esqueleto, o fóssil acabou vendido a Burkhard Pohl, do Wyoming Dinosaur Center. O preço nunca foi declarado, embora um exemplar menos exuberante do mesmo animal tenha atingido 1,5 milhão de dólares em 1999 (tanto Pohl quanto a atual diretora do museu, Angie Guyon, declinaram de ser entrevistados).
    De 2005 a 2007, o *Archaeopteryx* de Thermopolis foi emprestado ao Museu Senckenberg, onde foi analisado por Mayr, Pohl e pelo paleontólogo Stefan Peters. "Foi algo espetacular", Mayr me disse, relembrando o período que passou ao lado do

fóssil. "No que diz respeito à preservação óssea, esse esqueleto é o melhor. É também o que gerou o maior número de estudos."

Mayr acredita que os dinossauros com asas tiveram mais oportunidades ecológicas: "O voo pode estar relacionado à evolução de algumas plantas e sementes indispensáveis àqueles que não voavam". Ele diz que o *Archaeopteryx* era mais próximo dos dinossauros terrestres do que das aves atuais. "Ele usava as asas para planar. Não conseguia alçar voo do chão." O voo prolongado surgiria 20 milhões de anos mais tarde.

Quem vê o *Archaeopteryx* de Thermopolis é surpreendido por seu tamanho diminuto. O fóssil está preso a um molde de pedra calcária, qual encontrado. A estrutura, protegida por um vidro blindado, assemelha-se a um quadro, medindo não mais que um metro quadrado. Mas quem olha de perto pode ver os dentes, as garras, o entorno das penas e os ossos na cauda.

Desde a sua chegada à cidade norte-americana, o *Archaeopteryx* foi emprestado a museus, analisado por pesquisadores e submetido a exames de raios X. Cientistas estudaram seus pés, suas mãos e sua provável coloração (aparentemente escura).

Em *A origem das espécies*, Darwin escreveu que a falta de fósseis de transição eram "a mais óbvia e mais grave objeção que se possa contrapor à minha teoria". "E então, dois anos mais tarde, o *Archaeopteryx* foi encontrado!", o paleontólogo David Lovelace exclamou por telefone. "Da primeira vez que o vi, fiquei atordoado. Não só por causa da espécie. Ele é um ícone da evolução. Está carregado de valor."

Agradecimentos

Gostaria de agradecer aos editores de *piauí*, *Nautilus*, *O Globo* e *Folha de S.Paulo* por terem cedido os direitos de alguns dos textos aqui publicados. Também gostaria de agradecer aos seguintes jornalistas, pelo trabalho de edição das versões publicadas na imprensa: João Moreira Salles, Mario Sergio Conti, Dorrit Harazim, Fernando de Barros e Silva, Rafael Cariello e Bernardo Esteves; Meehan Christ e Michael Segal; Gabriela Goulart e Marcelo Balbio; Lulie Macedo.

Faço também um agradecimento aos professores Jonathan Weiner, Marguerite Holloway e Paul Olsen, da Universidade Columbia, e ao ornitólogo Carlos Yamashita, do Ibama, pelos ensinamentos biológicos.

Quero agradecer de forma muito especial ao professor e amigo Luis Fábio Silveira, curador da coleção ornitológica do Museu de Zoologia da Universidade de São Paulo, que foi responsável pela revisão científica do material aqui publicado. E também a André Conti, Lucila Lombardi e aos demais editores e revisores da Companhia das Letras envolvidos no feitio deste livro.

Agradeço por fim à minha família, em especial à minha mulher, Audrey Furlaneto, ao meu pai, Leonel Kaz, e à minha madrinha, Eliane Castelo Branco. Também gostaria de agradecer a Lucia Bertazzo, Ana Bertazzo Lemos e Lina Kaz, além de Maria Eugênia Costa Ferreira, Fátima Cruz e Souza, Lucia Ely Cruz e Souza e Elizabeth Novaes. E, claro, gostaria de agradecer à minha mãe e à minha avó, já falecidas.

Este livro também é dedicado a Marieta, Charlinho e Aderbal, os gatos da casa.

Fontes

REVISTA PIAUÍ: O sobrevivente (jul. 2015), O garanhão (maio 2009), O cantor (fev. 2016), A solista (fev. 2015), A atriz (ago. 2009), A colecionadora (set. 2012), O lutador (nov. 2006)
REVISTA NAUTILUS: O cosmonauta (set. 2015)
JORNAL O GLOBO: O internauta (26 maio 2013), O vigia (28 set. 2013), O saltador (7 out. 2012), A mascote (14 out. 2012), A mãe (8 e 15 set. 2013), Os estrangeiros (24 jun. 2012), A injustiçada (20 maio 2012), A vítima (22 abr. 2012)
JORNAL FOLHA DE S.PAULO: O apresentador (23 maio 2010)

ESTA OBRA FOI COMPOSTA POR ACOMTE EM ELECTRA E IMPRESSA PELA
PROL EDITORA GRÁFICA EM OFSETE SOBRE PAPEL PÓLEN SOFT DA SUZANO
PAPEL E CELULOSE PARA A EDITORA SCHWARCZ EM ABRIL DE 2016